Colecção Literatura de Macau

澳門基金會
FUNDAÇÃO MACAU
中华文学基金会

·散　文·

总要相信有晴天

安好 / 著

作家出版社

澳门文学丛书

总 序

值此“澳门文学丛书”出版之际，我不由想起1997年3月至2013年4月之间，对澳门的几次造访。在这几次访问中，从街边散步到社团座谈，从文化广场到大学讲堂，我遇见的文学创作者和爱好者越来越多，我置身于其中的文学气氛越来越浓，我被问及的各种各样的问题，也越来越集中于澳门文学的建设上来。这让我强烈地感觉到：澳门文学正在走向自觉，一个澳门人自己的文学时代即将到来。

事实确乎如此。包括诗歌、小说、散文、评论在内的“澳门文学丛书”，经过广泛征集、精心筛选，已颇具规模。这一批数量可观的文本，是文学对当代澳门的真情观照，是老中青三代写作人奋力开拓并自我证明的丰硕成果。由此，我们欣喜地发现，一块与澳门人语言、生命和精神紧密结合的文学高地，正一步一步地隆起。

在澳门，有一群为数不少的写作人，他们不慕荣利，不怕寂寞，在沉重的工作和生活的双重压力下，心甘情愿地挤出时间来，从事文学书写。这种纯业余的写作方式，完全是出于一种兴趣，一种热爱，一种诗意追求的精神需要。惟其如此，他们的笔触是自由的，体现着一种充分的主体性；他们的喜怒哀乐，他们对于社会人生和自身命运的思考，也是恳切的，流淌着一种发自肺腑的真诚。澳门众多的写作人，就这样从语言与生活的密切关联里，坚守着文学，坚持文学书写，使文学的重要性在心灵深处保持不变，使澳门文学的亮丽风景得以形成，从而表现了澳门人的自尊和自爱，真是弥足珍贵。这情形呼应着一个令人振奋的现实：在物欲喧嚣、拜金主义盛行的当下，在视听信息量极大的网络、多媒体面前，学问、智慧、理念、心胸、情操与文学的全部内涵，并没有被取代，即便是在博彩业特别兴旺发达的澳门小城。

文学是一个民族的精神花朵，一个民族的精神史；文学是一个民族的品位和素质，一个民族的乃至影响世界的智慧和胸襟。我们写作人要敢于看不起那些空心化、浅薄化、碎片化、一味搞笑、肆意恶搞、咋咋呼呼迎合起哄的所谓“作品”。在我们的心目中，应该有屈原、司马迁、陶渊明、李白、杜甫、王维、苏轼、辛弃疾、陆游、关汉卿、王实甫、汤显祖、曹雪芹、蒲松龄；应该有莎士比亚、歌德、雨果、巴尔扎克、普希金、托尔斯泰、陀思妥耶夫斯基、罗曼·罗兰、马尔克斯、艾略特、卡夫卡、乔伊斯、福克纳……他们才是我们写作人努力学习，并奋力追赶和超越的标杆。澳门文学成长的过程中，正不断地透露出这种勇气和追求，这让我对她的健康发展，充满了美好的期待。

毋庸讳言，澳门文学或许还存在着这样那样的不足，甚至或许还显得有些稚嫩，但正如鲁迅所说，幼稚并不可怕，不腐败就好。澳门的朋友——尤其年轻的朋友要沉得住气，静下心来，默默耕耘，日将月就，在持续的辛劳付出中，去实现走向世界的过程。从“澳门文学丛书”看，澳门文学生态状况优良，写作群体年龄层次均衡，各种文学样式齐头并进，各种风格流派不囿于一，传统性、开放性、本土性、杂糅性，将古今、中西、雅俗兼容并蓄，呈现出一种丰富多彩而又色彩各异的“鸡尾酒”式的文学景象，这在中华民族文学画卷中颇具代表性，是有特色、有生命力、可持续发展的文学。

这套作家出版社版的文学丛书，体现着一种对澳门文学的尊重、珍视和爱护，必将极大地鼓舞和推动澳门文学的发展。就小城而言，这是她回归祖国之后，文学收获的第一次较全面的总结和较集中的展示；从全国来看，这又是一个观赏的橱窗，内地写作人和读者可由此了解、认识澳门文学，澳门写作人也可以在更广远的时空里，听取物议，汲取营养，提高自信力和创造力。真应该感谢“澳门文学丛书”的策划者、编辑者和出版者，他们为澳门文学乃至中国文学建设，做了一件十分有意义的事。

是为序。

2014.6.6

目　录
CONTENTS

云淡风轻

晨光熹微

书里观星

云淡风轻

卡塔尔这个地方

我简略问过身边的人，在卡塔尔世界杯开赛前，大部分都没听过这个地方。难得的是，地理知识薄弱的我，却对此地有印象。那是出自林君朗《云上的十八岁》一书的文章：《卡塔尔危机：制度缺陷下的尼泊尔外劳困境》，作者结合自己在尼泊尔“移民与国际关系中心”实习的经历和见闻，深入浅出地分析卡塔尔劳工制度问题。凡读过者，难以不留记忆。

恰巧前些日子读到《明周文化》的报道，原来英国《卫报》去年曾发表调查报告，指出卡塔尔自夺得世界杯主办权后，出现超过 6500 个外劳死亡，其死因更被简单地以“意外”二字解释，令遗属难以获得赔偿。报道又指，近日数以千计的劳工被即时迫迁原住所，就是为了给游客腾地方。

卡塔尔，作为日本队和韩国队的奇迹诞生地，自然而然地受到了全球关注。始料未及的世界杯战绩，让全网球迷大跌眼镜——又或是热血万分。我这个不懂足球、不看球赛的人，也受到全球热烈气氛的感染，多少看到一些报道。然而，在世界杯的镜头前，只见作中东传统打扮的一群富豪为其“历届最差东道主成绩”而苦口苦面，让人对卡塔尔这个中东国家建立初印象。但事实上，这个国家有它与世隔绝、扭曲的地方，并不只是一个富有石油资源的酋长国而已。对旅行兴致缺缺的我，突然很想实地看看，这个国家到底长成什么样子，而住在该地的人，又是如何生活。

距离世界杯结束还有好一段时间，而为生计，留在卡塔尔的外劳不知道还要待多久。世界的目光，又会不会从足球移到他们身上呢？

距离世界杯结束还有好一段时间，而为生计，留在卡塔尔的外劳不知道还要待多久。世界的目光，又会不会从足球移到他们身上呢？

生病之罪

同事受年幼的女儿传染，感冒发烧，病了大半个星期。发烧当天遵医嘱完成核酸检测，退烧上班当天适逢澳门开始出现零星新冠肺炎确诊个案，她每天早上特意做了快速抗原检测才出门上班。时至今日，除非是年纪老迈或长期病患，否则都能以平和心态面对染疫。她只担心会成为千古罪人——万一女儿中招，传染班上同学，她们将立刻被全城公审——她没有夸张，去年那一家四口便是如此，网上无数恶毒谩骂至今仍犹在耳。

人性之复杂，常叫人今天赞叹澳门人情味浓厚，明天又感慨这世代黑心人多。其实孰好孰坏没有标准，不过视乎当时心情和境遇。要是还在 2020 年，大家觉得彼此共坐一条船，无论是谁染疫都不吝于祝福一句早日康复。偏偏如今，有些人饱受经济不景气的苦况，坐困小城朝不保夕，天天祈盼社会早日恢复繁荣；有些人却能够坐长途飞机出埠旅行度假，不仅负担得起机票食宿，且还有余钱和闲暇入住隔离酒店。人与人的差距如此明显，滋生出许多情绪，除了隐名抱怨咒骂，也找不到别的发泄途径了。

说回那位感冒未愈的同事，因为年末将至工作繁重，为保饭碗不得不硬撑着上班。除了偶然喝水之外，她那 KN95 口罩绝不离脸，中午也不敢和大家一起出外用餐，只躲在办公室一角独自吃外卖。旁人或许觉得她夸张，我却分外理解。前些年我读大学时，某同学重伤风一星期，彼时天下太平，因此他不戴口罩、如常上课，结果班上八成同学都被其传染，其中一位抵抗力较弱者发了三天烧。我自此深有感悟。

生病不是罪，人与人之间的利益冲突却是如此微妙而紧密，谨慎些总是没错的。要是那些喜欢在街上吞云吐雾、拉开口罩随地吐痰，以及在餐厅中央喷着飞沫发表伟论的人也懂得谨慎些，那就好了。

客套与礼貌的一线之差

人际关系种类繁多，我最怕的便是与好友共事。工作必遇利益冲突，或拜托帮忙的事，需要道谢、道歉，甚至道尽情理。偏偏好友之间关系亲密，按公事模式相处，似乎见外，按私人模式对谈，显得欠缺尊重。为免尴尬，我尽可能回避。只是，澳门圈子窄小，总有避不开的时候。

我信奉“礼多人不怪”，毕竟，多说几句“谢谢”也不会掉块肉，如果能让大家舒服，但说无妨。有一回，我跟朋友合作筹备活动，对方出主意，我出钱出力出时间，我千恩万谢，对方却只回复片言只语——也许是我小器，心里颇不是滋味。基于相识多年的信任，这朋友绝非故意占我便宜，无非是熟不拘礼，但“礼”之所以成为文明社会重要一环，实在有其原因，能拘还是拘吧。要是怕被认为客套，换一套语气措词，加数个表情贴图，足以扭转气氛。

进一步推想，跟家人相处亦如是。挚友家有喜事，长辈们关心则乱，三不五时追问家居布置、喜庆物资等新人之事，却迟迟不愿购置自己的礼服首饰，让当事人身心俱疲，结果吵架收场。我笑说，何不试试拿出哄上司的套路来哄长辈：“你不能自恃天生丽质便毫不打扮，当天要拍照留念，为了新人要更注重形象才是。”这句话不至于惊为天人，至少比“怎么可以不打扮，你准备好自己就是最大帮忙了”更容易说服长辈。

这是从我一位修读心理学的朋友身上学来的，眼见长辈们都十分受用。面对长辈自然不用像对上司老板那般毕恭毕敬，但好话谁不爱听，略略包装即能免却一场口角风波，太划得来了。再难听一点说，我知道不少长辈们潜意识里擅用情绪勒索，我们不过是“以柔制刚”，还是很公平的。如此看来，这也不是什么客套或礼貌，不过是将心比己、讨大家高兴而已。

爱恨模糊

人与人之间的差异那么大，有合得来，也有合不来的，是以有了爱和恨。我曾经非常憎恨某个人，恨得无法虚伪地和对方打招呼，恨得强迫身边的朋友表明立场，恨得必须发愤图强努力向上以证明自己比对方优秀。如今，这个人已不在我的日常生活中出现了，我的恨意日渐淡泊，有时想不起来从前为何这么恨——但我不后悔。爱与恨都是我真实的情绪和能量，只要没有伤天害理，无须后悔。

年轻的学生们八卦，有时会尝试打探我的过去。反正事过境迁，我便略说一二，他们听完故事，却明显不投入。我反过来探听他们的心事，没有得到特别的回应。他们说，并非不想分享，而是生活波澜不惊。他们没有强烈的爱，也没有强烈的恨。他们长期戴着耳机、盯着电话，相熟与否都不甚打招呼。曾经朝夕相对的朋友要各散东西了，他们连珍重再见也不说，自然也不把彼此的立场放在心上，更不会强迫对方表态。我想起抽象的水彩画，一块块无边界的颜料在白纸上重叠或离散，对比色也相似起来，看久了觉得底纸可能是灰色的，最后整幅画暧昧朦胧，再也分不开谁是谁。那些学生们也一样，他们的喜怒哀乐如此淡泊，爱与恨都模糊不堪。在他们内心深处，是不是觉得我的恨太无聊、太伤身呢？又或者，他们根本无法理解，我到底在恨什么，而恨又是什么。

我想起亦舒笔下的未来人，或是外星来客，通通都为了社会繁荣发展而发明出控制情绪的方法，他们不再为了争意气而绞尽脑汁，也不再为了博伊人一笑而做尽傻事。他们一心一意按着社会的规则向前走，习以为常地使用着科技和文明，潜意识相信未来必然更好，无须再思考自己有没有其他想要的人事物。我看着这群年轻学生的面孔，不禁怀疑，“未来”是不是已经来了？

不合则去

除却阴阳相隔，人在日常里还是会常常经历悲欢离合。有时候，无论认识了多久、曾经多么友好，都有可能分道扬镳。我是舍不得道别的，每回离职，即使明知那是当刻最好的（甚至是唯一的）决定，还是暗自神伤。离职尚且如是，若朋友之间道不同不相为谋，我更是久久不能释怀。

不合口味的食物、不合身材的服饰、不合三观的友人，这些都该不合则去。但想到过去共度的美好时光，总还幻想彼此尚有可能，所以尝试改变自己，或者改变对方。改变不一定是坏的，却也不一定好，唯有内心的声音可以解答。如果改变让你更快乐、更积极，这多数是好的，反之，每次改变都像在心里划一刀，转瞬已觉伤痕累累，你的全身心都会抗拒这种改变。

无论如何提出新话题，都无法让彼此好好聊天，话不投机半句多，那种不愉快的情绪会油然而生。年轻时性情冲动、头脑简单，非得分出黑与白，且天真地认为对方犯错在先，随口就把“绝交”挂在嘴边，把事情闹得一发不可收拾。后来长大一点，总算学会少说两句，但也还是动辄与人老死不相往来，暗地里迫不及待自证清白。如今身份角色变化越来越多，这才发现，我也做过一些自己曾经看不惯的事情，背后可以列举的苦衷洋洋洒洒。猛然醒悟，过去那么多的往事，未必是一方做错了什么，只是双方的频道改变，再也不能互相理解。终于学会了，为免口出狂言伤害彼此，只得渐渐疏远对方，维持客气的距离。

澳门之小，朋友圈重叠甚多，有时也在甲朋友口中听到某人的事情。事过境迁，加上时间冲淡，少不得怀念起过去快乐的回忆。据说有些人可以冰释前嫌，自己也跃跃欲试。这段日子以来有多不舍，见面时就有多尴尬，可惜自己并非这块料子，过去的只能过去。

交朋友

自小，交朋友只有一条规则：聊得来就好。跟小同学从学校老师校工的大小事，到家里兄弟姐妹间的琐事，都能拿来当话题，聊得来是如此容易。后来发现，这聊得来的背后，包括彼此的喜好是否一致、言谈间有没有尊重对方。我喜欢蓝色，你喜欢红色，话题就少了一半。但若果会得尊重对方，我喜欢蓝色不过红色也好看，那还能好好聊天。不然，一句硬生生的红色俗艳虚华无内涵，后面怎么都聊不下去了。除了聊天，朋友有时也结伴外出，如此一来，对友谊的挑战还涉及了是否让座、会不会贪小便宜、对服务业前线是否礼貌等品行的反映。凡此种种综合起来，才是那轻描淡写的一句“聊得来”。曾以为是自己严苛，讨论后发现，大家的交友原则都差不多，说是说得没门槛，实情真的把对方视为朋友，都得过好几道心理关口。

反过来看，谨慎交友也好处多多。通常，这种三观俱合的朋友，都不容易闹翻，无论是家庭、经济、事业抑或什么别的困难，都能互相支持、互相体谅，友谊牢固得很。

近年，也不知是人变了抑或社会变了，谈起政治事件，上一刻头贴头的好友立刻就绝了交，过去共同经历的各种人生大事顿成虚无，只有共同的立场才能继续聊下去。反而，过去十年无甚交流的点头之交，立刻就结成知己。

这种交友原则，实在想不透了。

红椅子

小时候就读的幼稚园里，游戏区的小椅子是鲜红色的，每回看见就拥上去，围成一圈又一圈，急不及待玩起抢椅子游戏。看见椅子就想坐下来的本能反应，不知和这游戏有没有关系。

看着巴士上空着的一张又一张红椅子，我不由自主想起这些零零碎碎、毫不相干的往事。此时遇上红灯，司机急急踩了刹车，我紧抓住扶手，膝盖还是冷不防撞上某根柱子，痛得很想坐下来。然后，我就坐下了，坐在红椅子上。

车上人满为患，有需要的人都安坐着，但因为空着的是红椅子，大家都不敢坐下去。明明可以之后让座，明明可以留出空间让更多人上车，但一看到是红椅子，就扭头装作没看见，闪避的眼神像在说“我不配”。我不得不配合演出，更卖力地揉了揉酸痛的膝盖。

让座的道德绑架、红椅子的标签效应，这些都是老生常谈了。我曾以为，自己不会再写这些琐碎事。然而，有些事情再说多少遍也不会改变。尤其，这关于别人对自己的看法——我不怕站着疲累，只怕被人指指点点、口诛笔伐。成年人的瞻前顾后、心事重重，能把一切好意蒙上黑白难辨的浓雾，叫人看不清原有的真心。

此时此刻，我比平常更怀念小时候，那些遵循本能，看见椅子便欢乐地坐下来的孩子们。音乐响起来了，椅子我们轮着坐，谁也没有犯错。

弃语

难得的悠闲日子，我喜欢静静摊坐在沙发上或床上，有时也会坐到书桌前，或看书，或发呆，不发一言。妈妈不太受得了这种安静，必须一直聊天，甚至一边和我聊天，一边发微信和朋友聊天，忙得不亦乐乎。我无力反抗，只能干坐着，等候话柄转回我的身上。

妈妈说，我很早便学会说话，伶牙俐齿得很，幼稚园面试时没让她操半点心。当然，长大后，这张利嘴也让她受了不少气。她不懂，怎么到现在，我突然不喜欢说话。我随口地解释，当说话成为日常、成为工作，就很难在非工作时间也孜孜不倦地做这件事。事实上，越是依赖使用语言来表达自己，我越是发现自己词不达意。

人是多面的，但同一时间能表达的语言却是片面的。马东曾在某档节目里这样说过："被误解是表达者的宿命。"我有种感觉，口述也好，文字也罢，语言在表达的当下，已经受限了。某次闲聊，我说起自己对某位朋友的想法，越说越远，越说越厘不清自己的感受。人总是无法单纯地讨厌另一个人，我们会讨厌他为了面子而爱说大话，却又觉得他活在平静之中值得羡慕，同时又深信他的缺点源于不得已的原因，他既值得同情又活该被嫌弃。整番话说下来，听者往往只在乎：那么你到底是当这个人为朋友还是敌人？我想起了妈妈，解释了一大番原因结果，她只会问一句："这件事你做还是不做？"我无法用简单的是或否来阐明自己，最终只会被别人解读我。

如今我写下这篇文字，读者大概以为我沉默寡言。然而，看我日复一日地在小专栏中写下片言只语，这种坚持又是为了什么？大概是卑微地认为，即使说不清楚，还是尽可能表达，希望有朝一日，众人都会理解，感受比立场重要，而语言不过是工具而非真相。

冬日随笔

最近天气冷得不像话，手脚长久冷冰冰。每天晚上抱紧暖水袋才睡得着，早上恨不得裹着被子出门，做什么都提不起劲。房间一角放了小暖风机，吹得人干眼干，特别嗜睡。睡前把机器关掉，醒来也不收拾，反正再过几小时又原地运作，所以冬天的家分外乱。

不比那时在北京，宿舍里长时间启动暖气管，身穿短袖衫裤即可，被褥单薄轻盈足矣，做功课也比较有精神。彼时心血来潮打开那扇玻璃窗，伸出手即可碰到徐徐落下的雪花，碰到指尖即时融化。受强大温差影响，触感不敏锐，每次都感受不到雪花的触感。在澳门，没有暖气护体，也没有悦目飘雪，窗户只留一条气缝流通空气。只有看到空气质量指数时，才会心甘情愿认为，澳门还是不错的。

偶然，冬天也会有阳光普照的时候，一天内温差跨度达十度以上。外套穿厚或薄都不合适，最好不出门。越是窝在家里越是疲懒，明明是充满节庆的假日，却愣是把仪式感都塞进被窝里，用暖水袋狠狠压实，不见天日。人类总是喜欢和人类开玩笑，最适合嬉戏耍乐的七、八月，偏偏不设大型节庆。

智能手机的出现救了我这怕冷的懒人。每周写稿都躲在被窝里，一发出又可扭头返回梦乡。不是不知道这愚蠢行为伤眼又伤颈，但当刻的安乐战胜内心理智的声音，于是继续纵容自己。有时我会怀疑，这些年了，对简单的四季天气变化仍然如此不适应，是不是还能活得久远。然后，然后我便睡着了。冬天的被窝是天堂般的存在，现在只需享受，明日愁来明日愁。每年冬天都想，那么多动物都学会以冬眠保命，何独人类今时今日还得在天寒地冻之际苦苦营生？大概是自以为可以逆大自然而生吧？电力厂会不会成为终将倒塌的巴别塔呢？胡思乱想中再度沉睡，但愿醒来之际，天气已经回暖。

金牌之后

香港收获东京奥运金牌，近年邻埠好消息少之又少，此时争得一面金牌，总是希望可以冲喜一下。

李丽珊为港队首夺奥运金牌的时候，我年纪尚小，连风帆长什么样子都不知道，对当时情况毫无印象。唯一记得的，是后来 2001 年上映的《麦兜故事》里的一句对白。麦兜稚嫩而沙哑的声音坚定地说着："无论几辛苦，我一定要攞到奥运金牌。长洲，你孕育咗珊珊，都会孕育埋我。"普遍人大概都记得那首著名的插曲《大包整多两笼》怎么唱，谁又记得这歌出现在麦兜求黎根收自己为徒的那一幕中呢？脍炙人口的香港地道卡通片以时事热话为题，妈妈让麦兜拜黎根为师，成为运动员创一番事业，只是滑浪风帆变抢包山，最后什么比赛也没参加就结束训练了。李丽珊夺金后，香港掀起运动热，不少家长和孩子都希望全职运动员是一条名成利就的康庄大道。只是，全职运动员之路极为难行，世人只看金牌，却不去想所有荣誉都需要天时地利人和通力合作。谁又敢说一句实话，提醒家长们和孩子们，努力的尽头，是一种陪跑也在所不惜的决心。参与竞技比赛，当然要有获胜的目标，但为了赢而不是为了自己喜欢这项活动，是凑不齐天时地利人和的。

唯有《麦兜故事》，使残酷现实在趣致的卡通形象包裹下，变得较容易接受。我也是在这出卡通的"洗脑"下，渐渐培养出"想赢不怕输"的价值观。从李丽珊到张家朗，香港的变化如同天翻地覆。在社交媒体这个大平台的催谷下，各种采访、分析、社论源源不绝。当年《当四叶草碰上剑尖时》掀起的剑击热，会不会借此重燃？香港运动员在多项破纪录的成绩下会否越战越勇？爱看卡通片的我却想，这面金牌之后，还会有如同《麦兜故事》这般“无厘头”中充满哲学的小故事吗？

天气预测

上周那场大雨，不少人叫苦连天。虽知有雨，却没料到浸出一个水城来，车子浸了，房子浸了，办公室也浸了。没有人不吐槽那些曾经被寄予厚望的基建，我看着新闻指出那场雨录得过去七十年来最高雨量，只想吐槽没完没了的填海计划。吐槽又如何，地方不够用是事实，两害相权取其轻。想起八十年代常见的小房子里，没钱买置物柜，生活杂物堆得满坑满谷，本就狭小的空间更显局促、寸步难行。为着生存得好一点而留下的那些生活杂物，最后成为了大火袭来时求生之道的最大障碍。大家都在赌，就像看上中下路的走势一般，赌今年雨季会有多少次台风、多少毫米雨量，赌我们足够坚韧所以撑得过去。

天文气象是有根有据的一门科学，但天有不测之风云，风和云有形成的趋势才有得测，为什么干了一星期不下雨、干了两星期才下雨，却不好测。所有的预测都有不确定性，跟娱乐场博彩游戏的差别只有几率，但谁的几率高也是一场赌局。看着灰黑色的云在头顶挂了一整天都没下出雨来，我连天气预测也不想看，却不敢不看。

时代进步如许，人们还是用看待钦天监的心情去看天气预测。没有办法，茫茫前路有太多不确定因素，能够有官方的预测机构，像是有本天书教你赌局必胜之术，忍不住就依赖，忍不住就幻想自己借此无往不利。

小时候看天气预测只想知道自己是否停课，大点了想知道自己穿运动服或是校裙，后来要知道自己是否带伞、穿不穿外套，以及衣服要不要先收回来。人的赌局越来越大，但每天生活都是一场赌，赌自己今天不会遇上意外，赌自己能够出入平安。为了赌赢，我们看天气预测，我们走路当心，我们小心翼翼，这是最自然的人性。今天起来，你看天气预测了吗？

凡尔赛文学的背后

凡尔赛文学，就是那种满口遗憾却自带炫耀效果的文字，大概就是那些“我说我要靠自己买一辆宾士但他硬是送我一辆林宝坚尼”之类的话。

若为了炫耀而刻意堆砌，旁人大可翻个白眼便罢，但我多心，想象写下这些凡尔赛文学的人，会不会是真心感慨。

我有朋友曾获得一份我向往已久的工作，结果他放弃了，淡然地说，觉得不适合所以拒绝。我还在为五斗米而来什么干什么，他却已在选择要什么不要什么。我渴望许久的东西，他随手弃之。即使他并非炫耀，但我还是心碎一地。冷静过后，细细回想，他的能力和际遇都是他的，他不过是拒绝他不想要的东西，和我有什么关系？根本没有！这才终于释怀。

部分的凡尔赛文学作者，会不会也如是？他们不过是渴望一些和别人不同的东西。然而，别人因为自己没有，内心便不平静了。如此想来，凡尔赛文学的一时爆红，似乎是凡人的嫉妒聚集爆发。

我不否认，凡尔赛文学背后，包含着物质无法遮掩的心灵空洞，以及幼稚浅薄的自我包装，但在嘲讽之外，我们是否可以建立同理心去想象对方的处境？对于那些因为无知而离地得离奇的价值观，我们是否可以鼓励对方去了解，而不是加强对立的隔阂？

这边厢我还在“熬鸡汤”，那边厢却根本没吵起来。围观群众早已学会自嘲式撰写“仿凡尔赛文学”，不但没有受伤的样子，还有点风趣幽默。当代的娱乐化思维很迅速就把严肃的社会议题消化掉，凡尔赛文学背后可能存在的，炫富和仇富的对阵，爱而不得与得而不爱的矛盾，也就在顷刻间荡然无存。这种过分的和谐让我慢半拍的思考没了归处，也让我急匆匆写下的这些文字，还未面世便已沦为废话。这或许才是凡尔赛文学作为网络流行物之一的真实象征？

一个人的早餐

自由，对渴望安全感的人来说，是挑战大于享受。在两种感觉矛盾地共同滋长时，我知道自己没有做错决定——我会享受这场挑战。

独自旅行的第一天，没有闹钟、隔音优良，但我在早上六点多就醒来，比日常作息早了一个钟头。之后四天的作息，都和这天差不多。是北京的空气飘浮着早起的粒子，抑或潜意识的兴奋悄然鼓动呢？我没有赖床，简单梳洗便出了门。北京的朝九晚六，是属于行人与车的，但那之前和之后的时间，是属于摊贩的。从快捷酒店出来，满街满巷都能看到热气喷发的手推小摊，我挑了一家不用排队的，付了钱拿起就咬。今天吃的是肉夹馍，我已想好了明天早上要吃煎饼果子，不用问人，不用迁就。人家说，独自去旅行最愉快的，是边走边吃，随心放任那汁液淋漓。我认为，这分别不在于形象管理，而是可以专心咀嚼，不用竖起耳朵听伙伴说了什么，也不用随时准备搭话回应。心神都放在嘴里的肉和馍中，它的干与湿、咸与甜，全由自己的味蕾独力承担。吃如是，沿路的风景如是，是不是走错了路，找不找得到想买的网红小物，全部都是自己的事，这趟旅程的高兴与否，必须靠自己来创造。一个人去旅行，没有互相照顾、互相推卸的旅伴，焦点才能落在这个城市的事与物，以及自己身上。

中庸之道强迫症

你以为只有极端才叫强迫症吗？最近发现，中庸之道也可以强迫。

学生们参加了比赛，因是初哥，抽中与强队对战，天天泼自己冷水。身为教练只得拿着热鸡汤灌满每一颗玻璃心，好让他们自信起来。

过了一周，这群孩子开始走火入魔，还没练习妥当就幻想自己反胜对方，天天准备比赛时自己笑得乐不可支。教练只得跳出来降温，循循善诱地说着和之前的“做人最重要有自信”既不矛盾，又能使其冷静下来的说辞。

太渴望赢，很容易会因为一时赛果未如理想而崩溃，最后放弃继续参加这项活动；太没信心，备战时就很难打起精神积极面对，自己带头实现了“未打先输”，那比赛的意义又何在呢？每次备战时就在讲道德经，务求把天真学生教成道德先生。只是，参加比赛是为了学习、输赢都没所谓最重要赢得经验，这种一点人性都没有的官话，要让有激情、有热血的学生们死守信服吗？人的心本来就不是摆在身体的正中央，既已偏了，何必强行移位，去执行那走在钢索上的中庸之道呢？

劝了一日，在说服学生们之前，先说服了自己。他们爱自我怀疑，他们爱自我吹捧，都算了，不要太疯就好，谁的学生时代没有那种偏了一点点的价值观？赢人也好，赢己也好，他们能够在赛场上感到快乐，这才是最需要守护的事。

简而言之

网上某劝世文指出，用英语回话不应像中文般言简意赅。比方说："你要吃甜甜圈吗？"用中文说"不了，谢谢"很正常，但说"No, Thanks"两个单词则显得不礼貌。该人士建议，起码回复三长句，中文大意为："哇！是甜甜圈。我好喜欢，可惜我在减肥。我是很想吃的，但下次吧。谢谢你。"不喜欢"在减肥"，也可说"刚吃饱"或"刚刷牙"之类，最好再称赞一下那些甜甜圈。

读毕全文，忍下白眼，毕竟因"No, Thanks"而被对方认为不礼貌的经验，幸未遇过，但曾遭逢因长篇大论引起的指责，其后一段日子不敢多言。

重拾了聆听重于发言的习惯，却于某公司碰钉子，便另培养出自来熟的按钮，在所需场合一秒切换。岂料遇到"你跟那个谁很熟吗？"的问题，登时红了脸，不知从何说起。

彼时家教，不容多嘴，食不言寝不语是基本，出外见长辈当须叫人，但交谈过程则不要搭讪，维持一副微笑表情即可。倘遇问话，答一句是一句，切忌口若悬河。进了学校，沉默不计分数，硬着头皮登台开口，竟发展出技能。只是，言多有失，才发现管一张嘴原来这么难。

在说与不说之间，从小到大都浮游不定，终于成为一个怪人，有时说不停，有时说不出。简而言之，会说能说的，只是不敢主动开口，望见到此文的人，多多体谅，主动来聊。

一块蛋糕

结束工作回家路上，看起来似乎在聆听耳机里的音乐，实际却是疲倦地放空，到底是单曲循环抑或随机播放也分辨不出来。凭着肌肉记忆按铃下车，站在红绿灯前，意识突然回笼：好想吃蛋糕。

我本来不是特别喜欢甜食的人。除了月饼和汤圆因为特殊意义而获得青睐外，连喝水果茶我也要走糖的。只有一个情况例外：累了。有时候回想起来都想取笑自己，突然去超市买四五包糖果回来，结果吃半年都吃不完放到融化。然而，压力来袭的时候，就是嗜甜，好像嘴里甜甜的，生活就不那么苦。

想着想着，脚步已经自己走到最近的蛋糕店里。这家蛋糕在澳门并不有名，味道想必一般，但我无力再去寻觅，再随便的外貌也是吸引的，随手就买下一块蛋糕回家减压去。果然，是很劣质的味道，但是累极的我无暇挑剔，甜腻腻的味道充斥口腔，脑袋发涨的感觉也缓解了不少。

在英语俚语里，“一块蛋糕”指的是“简单的事”。生活本就不似一块蛋糕那样轻盈美味，但庆幸我们真的唾手可以得到一块蛋糕，挖出生活里的一点点、再一点点的甜。如此这般，累极的人又能打起精神走下去。我好像知道了为什么近年澳门开了那么多蛋糕专门店，一块又一块的蛋糕真是功德无量。这样一来，我的忌甜食豁免名单里又要增添一名新成员了。

一闪一闪的星星

踏入十二月，晚上七时许已黑透了天。大家都与往常一样，拖着累极的步伐离开办公室，急匆匆往家奔去。每个下班晚上都是类似的情景、类似的心情，很容易让人忘记，今夕是何夕。

这天到红窗门街出外勤，沿着暗窄的斜坡往下走，听着耳机里的抒情歌，脚步渐渐蹒跚，岂料就这样突然走进一片亮光。新马路大街上挂着大大小小的五角星和六角雪花，对面还有色彩斑斓的圣诞装饰，耳机里传来徐佳莹轻轻哼唱的“一闪一闪亮晶晶——”。这刻，感动得想哭。

自幼在基督教学校长大，圣诞节是很重要的节日，使我的十二月过得特别热闹。第一份工作的上司是美国人，对圣诞节异常兴奋，十一月中便要张罗办公室布置，节庆气氛更是浓厚。后来，换到别的工作环境，都是工作为重，十二月除了假期之外，什么气氛都不剩。我已多年连灯饰都没看。

所以，猝不及防撞进一片闪亮，真切感受到节日的来临，还是很动人的。倒也不是多喜欢圣诞节，而是向往那种和日常的不同。日复一日的安排，把自己压得像一只为了谋生而奔波的蝼蚁。唯有每天都过得有点不一样，排不同的行程，做不同的事情，遇见不同的人。这样的日子才能留在记忆里，也才能感受到自己的存在。年末有一个圣诞节，实在太好了。

不要惧怕争执

没有一家人无争执的，但孩子们难以理解争执过后如何和好，所以本能地对这些场面感到害怕和伤心。丈夫家里年约三岁的小外甥便是如此，听到别人说话的声音略大些，便开始皱起眉头，要是持续争论下去，他会站到大伙儿中间去，义正词严地说“不”。看他高度未及我腰，不假思索就站到一大群成人中间“劝架”，可爱而勇敢，大家立刻会心微笑，嘴边的话都吞回肚子去了。

这是面对孩子时的权宜之计，日常却不可能回避所有争执，尤其在于，有些争执是需要存在的。

新婚夫妇的生活习惯、朋友之间的观点立场，不一样的想法和行为彼此相遇时，无止境地坚持己见只会使人与人的关系渐行渐远，单方面忍让却又衍生更多情绪，最好的方法反而是拿出来好好聊一聊。争执，是沟通的第一步，在争论的过程中，我们得以更具体地表达自己，也从中深入地了解对方的内心世界。看似纷乱不堪，却是最高效的沟通路径。

至于争执之所以被升级成冷战或其他伤害关系的情况，是因为争执时的情绪盖过了争执的内容，这也是为什么孩子一听见高声谈话便心惊胆战。要是能够想通这一点，以求同存异为目标（而不是只有我才是对的），用包容情绪的心态去面对争执的内容，其实争执又有什么好惧怕呢？

不养蛙的故事

手机游戏的热潮随着社交平台的推波助澜涌到面前，满屏幕都是手机里的小青蛙。它会在家看书做手工，也会突然出发去旅行，据说，和主人唯一的互动便是偶然为之的明信片和伴手礼。

不同的人各有感悟。有人以小青蛙的勤奋阅读和用心做手工来自勉自励，提醒自己“好好学习，天天向上”；有人以小青蛙的浪人模式为自己的向往，把环游世界感受地球的愿望寄在它身上。奇怪，没有亲眼看见它游历世界，光凭淘宝代购就能到手的各地明信片和伴手礼，怎么就相信它离开你的时候是浪迹天涯去呢？

不是有很多这样的人吗？天天准时整装外出，隐瞒自己失业的事实。小青蛙会不会也是如此呢？你有你的工作与人生，小青蛙是你在无聊消遣时才会看一眼的电子宠物。你不在，整间房子都是黑漆漆、空荡荡，你进去才会点亮一盏灯。作为你的宠物，没有了你的目光，它自己一个坐在那里做什么呢？

为了让你放心，它躲在电脑前看电影，头埋进书里挡着脸，甚至夺门而出，把情绪调整好了才回来。有时候好不容易回来了，你刚好在忙别的事情，不在游戏里。试想想，往日点亮了灯飘着饭香的小单位里只有街上路过的车灯忽明忽暗，四壁之内空荡得把唯一的呼吸声放大十倍，强烈的自我意识感袭上心头……

心头一抽，鼻头一酸，为了不忍它悲伤，还是不养好了。

些许失落

某天早起，突然很想吃月饼，记得妈妈留了两个放进冰格，迫不及待便去翻找。没找着，这才想起来，十二月了，是早该处理掉了。早知道中秋节就别惦记什么胖不胖的事，先吃再算！带着些许失落，重又回到睡乡里去。

这样的失落，在生活里总是经常出现。路过看见喜欢的小东西，想买又怕碍了地方，思前想后下定决心回头要买，那小东西便售罄了。初练习写作时也遇过这种事情，突然构思出某个有趣的情节，拿起手机还是纸笔记录一番，到认真要写出来的时候，突然又觉得这情节没了生气，当时那股热情竟散了。硬着头皮写下去，写成了别的东西出来，只得将就着交了稿。每回看见，都带点失落，要是自己脑筋好一些、文笔好一些，那就不至于写成这样了。

小时候心眼大，这些细细碎碎的事情，很容易就放下了，转身寻到别的乐子去。中秋明年还会来，想买的小东西多若繁星，写作的灵感多读几本书又生出来了，并不是那么令人纠结的事情。只是，一直想着想着，那本是微不足道的些许失落，便越滚越大，让人心绪不宁。

不过是两个过期月饼，牵扯出莫名其妙的一大箩情绪来，下一秒大概就要清算人生各种憾事。急匆匆沏一壶茶，找段相声节目，笑个天花乱坠，方甘罢休。失落一下无伤大雅，却要找到方法开脱，才活得下去啊。

来了又如何

至今仍然记得，初中时流传澳门要开设无印良品分店的消息。从那时起，每年都在等，等不用过海就能购置文具的日子。没想到，一等便是十多年。

那时我认识无印良品这个品牌，同学间以拥有无印文具为荣，透明笔盒、无字无花笔记本、彩色原子笔等等，那些设计简洁而出奇地实用的文具，都是少男少女们所向往的。明明大伙儿零用钱有限，还是千方百计储钱，想尽借口跟朋友到香港去，就是为了到无印良品去买文具。我爱不释手的那支荧光笔，便是在无印良品买的。想当年，按压式荧光笔是一个传说，它在货架上仿佛真会发出荧光一般夺目，我甫进店门便一眼看见，迫不及待把它握在手里。

后来，读大学时有了更多赴港的机会，几乎每年都和朋友去逛无印良品。因为有了些许收入，开始放纵自己的好奇心，迷上它的柑橘糖、棉花糖、士多啤梨朱古力、鱿鱼干和昆布干。早些日子看到突如其来的宣传时，本以为自己会兴奋莫名，但是我却比想象中冷静得多。

疫情是一个原因。三年没去过香港，自然没有去过无印，那股瘾好像是无形中消散了。而且，如今已是小白领，文具都由公司提供，不需年年添置，我也年纪渐长不宜多吃零食……或许我还是会去逛一逛，但无印如今显然不会有当年的地位了。

八折与七九折

上周全家去饮茶，适逢团购享有七九折，我上趟卫生间回来准备买团购券，爸爸已经抽空凭身份证八折结账。于是，父母二人又开展了常见的激烈讨论。

八折和七九折，最终金额相差不超过十块钱，在澳门不算大数目，很多人都能一笑置之。但在我家，这种争执多年来不绝于耳。弟弟早已见怪不怪，不但没有劝停，还调侃着问我，婚后会不会也落入这般境地。

为一点零零碎碎的柴米油盐而天天指着对方鼻子闹个脸红耳赤，这画面怎么看都不像是恩爱甜蜜的婚姻。为什么不找一个意见契合的人做伴，非得为相左的各种价值观磨合至没完没了呢？

当晚我就被自己“打脸”。和未婚夫讨论新居贷款，包括保险和利息等庸俗而琐碎的问题，各有看法。我见数字即头痛，临爆发之际，他突然提出要放下电话喝口水，独自安静了数分钟，气氛才缓和下来，彼此又能好好聊天。

当我们自己都会推翻自己的想法时，还真的找不到一个可以完全契合的人。朋友与恋人可以只谈风月，不契合的部分避开就好，但共建家庭必须挖掘出生活里最不堪的东西，越是不契合越是需要直视。也因如此，即使意见不同，做决定时身边有也只有他。父母天天争执，还是肩靠肩走过了三十年。那些朴实的烟火气从来不像诗歌那般唯美，却始终是触摸得到的依靠。

包书

自从小学一年级起，便学会了包书，拿起透明的包书胶，把课本夹在中间，裁好大小，对角对边粘贴。一年下来，书内每一页写满笔记，封面却光洁如新。学会包书，不为别的，就为了把教科书留给刚考进同一间小学的弟弟。结果，小学还未毕业，他就转到别的学校，再也不需要留书给他了。但是，包书已成为神圣的开学仪式，中学六年，仍然孜孜不倦地维持着。

年级越高，要包的书越少，到了读大学时，讲义取代了课本，包书胶无用武之地，一个转念，拿去包小说。当年最珍惜的，便是林咏琛的小说，她的不思议系列要用磨砂包书胶来包，怎么翻都不会破损。

后来，电子书兴起，实体书的增长速度慢下来，包书胶渐渐被打入冷宫，便把念头动到行程本上。虽然日常使用智能手机，但仍依赖手写的行程本，日夜携带，这才是最需要好好保护的“书”。因为舟车劳顿，即使包了塑胶外皮，还是会有损耗，最高峰试过一年重包三次。相比起以前的教科书，包一次便完好地留了十年，这着实是一个夸张的纪录。

时代不停进步，连行程本也照顾周到。即使不愿意选用厚重的皮质行程本，现在大部分普通行程本已自附塑胶书套，包书这个动作，多余得失去存在价值。大概，抽屉里那几张放了好几年还没有派上用场的包书胶，真的要丢掉了。

大桥与小鸟

潮流兴复古，最近回味十多年前的流行歌曲，其中一首是薛凯琪的《有只雀仔》，改编自耳熟能详的《有只雀仔跌落水》。儿时嘻嘻哈哈笑着唱，今天才惊觉那儿歌是悲剧：小鸟“被水冲去”后，没有回来。

这样说来，《有只雀仔跌落水》的原曲 *London Bridge is Falling Down* 也是悲剧。平日听到的四句版，只说桥倒了，后来看到那十二节的版本：桥倒了，用木和土来建，会被冲走；用砖和泥来建，不够牢固；用钢和铁来建，又会弯曲；用金和银来建，怕被偷走；最后雇一个看守人，又怕他睡着，还要给他一管烟……无论如何，这桥还是不稳妥，那掉落的小鸟也一样，无法自水中回到天空。

儿歌虽悲情，但流行曲《有只雀仔》却有鼓舞意味：“掉进水　用我的翅膀游水 / 谁说我们会身葬这里 / 天梯塌下仍会活过去。”扭转了原曲的“被水冲去”，这小鸟居然还学会了“游水归去”，果然，要生存还是必须要学会适应。

啊，对了。台湾 S.H.E. 也有一首《伦敦大桥垮下来》，说：“伦敦大桥垮下来我也不离开。”不知道是不是在回应看守人的事，但也大概和《有只雀仔》同一意向，都是一碗淡淡的鸡汤，鼓励人要“顽强地从生活低处另行革命”吧。

改编过后，大桥和小鸟都从以前的没了就没了，变成东山再起的顽强代表。世界逼得那么紧，似乎屏幕前的自己也该努力努力。

台风再来时

暑假、圣诞假、新年假、台风假，堪称学生最期待的四件事。前三者因为放得够长，能够去旅行，或是约朋友进行各种活动，当然受欢迎；最末一项则是因为来得突然，原定要递交的作业、要进行的测验，通通多了一天缓冲，怎么会不愉快呢？对于大部分人而言，毕业之后，暑假不复存在，圣诞和新年少了一半不止，只有台风假犹在，于是独力承担着上班族的所有期待。

去年“天鸽”之后，这种期待不复出现——相信很多人心底里还是有的，只是未能宣之于口。因为发生过悲剧，出现过灾情，台风在澳门的形象产生了质变，任何对台风假的期待都绑在一块铸满罪疚感的大石上，再也不能被随意散布在大气电波之中。

非得要事态严重得不可收拾之际，人们才会惊觉当中一直留存的问题。这到底是小城的过度保护，抑或人类的劣根通病？

蓦然回首，发现自己早就对台风假不抱期待了。不是因为台风变了，而是自己变了，考虑到台风假后还是要完成该完成的工作，原定要举办的活动在台风下艰辛维持，或需要忙乱地择日再做，使得对台风的期待，早已无限趋近于零。一直以来的叫嚣，大概也因为怀念起和大家一起在网上欢呼“八号！八号！”的日子吧。在笔名的保护下，是否可以让我怀念那个不伤人的台风季节？怀念台风假有人期待的时候？

满泻

听着哗哗水声不息，瓶里满满的白色泡沫随着水位线的推动，攀上瓶口，朝着四面八方涌到瓶外，沿着瓶身外侧流到锌盆的去水口，白色泡沫结成漩涡，咕噜咕噜流向看不见的远方。

洗刷瓶子这种高个窄口的器皿时，有一个不好的习惯，便是用自来水灌满那瓶子，让那些泡沫被灌至满泻。直至瓶里清澈见底，没有一点泡沫，才舍得把水龙头关上，把灌满一瓶的清水倒掉。当然知道这不环保，但瓶子的特殊构造令泡沫不容易冲掉，更重要的是，看着绵密的泡沫满泻的一幕，实在太疗愈了。

疗愈得叫体内满满的负能量，也跟着涌上眼眶，以泪水的姿态滑落，溶进白色漩涡之中。这些哀伤、痛苦、失望、愤怒、疲倦、无奈……是不是也可以流向看不见的远方，不再回来呢？

那漩涡转着，产生了引力，更多负能量涌出来，滴滴答答掉进泡沫之中。瓶子里的水已渐渐清澈，锌盆里也只得一池清水，水该停了，我也该停了。

关掉水龙头，把瓶里的水倒掉，透明的瓶子在水珠的映衬下闪着光，重归洁净的瓶子空荡荡的，宣告自己又可以盛载新的东西。不论是甜腻的果汁，抑或苦涩的凉茶，这瓶子都将义不容辞地将其容纳。没有什么可不可怜的，脏了之后洗刷一下就好了，这是它的宿命，瓶子的作用本该如此，我的存在也本该如此。

送货上门

上个月，家附近新开了一间宠物店，尚未装修完毕已见小动物入住。除了常见的猫狗，还有仓鼠、乌龟、小白兔，隔着玻璃倒是可爱，店门一开可不是人人都受得了——那股臊味，如果不是非常热爱动物，大概难以忍受。

上星期，宠物店装修完毕了，橱窗装饰得非常漂亮，灯光下的短美三胞胎更添可爱，而它们头上顶着八个大字：“欢迎叫货、送货上门”。那一刻突然想通了，除却热爱动物，也可能是为了金钱——“为两餐乜都肯制”，臊味也不算什么。

在还未想清楚“领养代替购买”的意识在澳门的普及程度之前，短美三胞胎已经少了一只。它是如何离开宠物店的呢？不知道，只希望对方有摸过它、抱过它，嗅过它身上的气味，看过它眼里的灵魂，才决定把它带回家。如果，那人只是在智慧得过分的手机里，点赞了它的照片，询问了价格，留下了地址电话，再让店员送货上门，那就只能祈祷，希望它不会像双十一后被淘汰的毛衣长裤一样，出现在某个肮脏的街角。

昨天，三胞胎的另外两只也不在了，新入住的红贵宾也是三胞胎，瞪着同样无辜的眼神，顶着仍然亮眼的八个大字：“欢迎叫货、送货上门”。站在橱窗前，智能手机的闹钟响起，于是提起急步把自己送到公司去。登上升降机的一刻，又突然想通了，大家都是货物，生命是用来买卖的。

意犹未尽

有一回，朋友聚会。吃了四小时的晚饭，仍未聊够，翌日有事忙的先回家，意犹未尽的人另觅小店续摊，再聊两小时。小店要打烊了，才发现已是凌晨一点多，不得不结束这一天。

我和其中一位朋友同路，边走边聊，到了家门，话题仍未结束，于是半夜站在大厦门口又聊了两小时。睡意已经来了又走了，最终是对面街头一个醉汉下了的士在吵闹，吓了我们一跳，这才乖乖回家。

第一次真切感受到，什么叫意犹未尽。时间空间也阻止不了想说话的人，站在大厦门前，腿都酸了，夜风呼啸而过，我们都双手抱胸压紧外套，还是要聊，孜孜不倦地聊。这还不是隔了多久没见面，而是每月一聚的熟朋友，相识多年、知根知底，套母亲一句吐槽："都唔知有咩咁好倾。"

要是问我，我也说不出个所以然来。这种没完没了的谈天说地，通常聊不出什么走出现实困境的解决方法，不外乎是吐吐苦水，或是说点天马行空的理想。一口气聊了八个小时，回家立刻刷洗睡觉，醒来已忘了八成，这种瞎聊天毫无实际作用。我怀疑，就是因为没有作用，才让人意犹未尽。那些需要计算价值的话题，往往追着效率跑，围着话题转的人仿佛是推着石磨的骡子。唯有闲聊，才能揭开血淋淋心脏里的那些感情。舍不得结束对话，大概是因为在里面能够感受到自己像个人吧。

活着是一种勇敢

“选择一段平稳无奇的日子是一种勇敢；选择一种随时崩溃的日子是另一种勇敢。”读到李豪散文集里的这句话，才渐渐放过自己。

在大众普遍价值观里，只有直前才需要勇往，其他的选择都是怯懦，逃避更是叫人觉得可耻。无数次，在这样的鼓吹之下，我不得不硬着头皮走向我不认同、不喜欢的地方。即使我甘愿付出停下步伐的代价，世界还是不放过我，总是加以懦夫之名，叫人心绪不宁。去是选择，不去也是，却没有人去想一想，不去这个选择，同样也是需要勇气和努力。勇往直前需要开天辟地，不去何尝不需要咬紧牙关呢？急流勇退，也从来不是易事，退后也一样需要勇气。

只要持平地思考，便能发现每一个看似无甚可取的选择，背后都需要勇气。做出选择这件事，本来就是一场勇气的体现。光是勇于对抗大众价值观，已然是可贵的勇气。又想到大众价值观从来不轻易放过社会上的每一个人，前行是贪婪，后退是懦弱，怎么都有得说，怎么选都需要勇气。原来，日复一日地存活着，已是一场大大的勇敢。

我们总是担心自己不够优秀、不够好，面对着不想去却又被推着去的某个远方，或是背离了所有人的劝喻，我们少不免忧虑和怀疑。但正视我们做出选择时鼓起的勇气，便不再需要活在不必要的自责中了。我们都是勇敢的，放心地去吧！

追一个结局

很久没有耐着性子追剧，最近好不容易追完了一出七十多集的长剧，颇有一些成就感。因为网络的智能运算，追剧期间，视频网站推荐了好些该剧的剧情简说影片给我。起初还能略过，随着剧情走向高潮，我越发心急想知道结局是什么，这些“快速看毕全剧”的速食影片就有了吸引力。

一出剧集，不外乎是悲和喜两种结局。我们为什么要追看中间的内容？就是想知道走向这个结局的过程发生了什么事情。温习不能只记答案，需要培养出推论运算的能力。这大概也是过程比结局重要的体现吧。原来，从小到大都在学习这件事啊。

我们每个人的结局，比电视剧更简单，只有死亡一个可能性。然而，我们每天的生活都不是追着结局跑。反而，为了让自己的“剧集”写得长一些、播映得久一些、剧情精彩一些，才如此努力去追赶。即使好奇心大一点，跑去找术士算命占卦，也不是为了知道结局（反正只有一个结局），而是为了让剧情走得顺心些。

为什么追剧还要看那些速食影片呢？这样看来的剧集还有什么趣味吗？前些年看《延禧攻略》，我就是凭速食影片看完基本剧情和最终结局，暗忖这出剧不外如是。直至我找到时间抽空看几集，跟着富察皇后泣不成声，才发现它的魅力之处。速什么食呢？一点好东西都享受不了。从今天起再也不看那些剧透影片了，乖乖煲剧。

看日出

我跟日出很有缘，也很无缘。第一次看见日出，是读大学时某夜通宵，回程时经过水塘，隐约可见一个橙红色的咸蛋黄，不大也不刺眼，有点可爱。出乎意料的缘分让我萌生看日出的念头，然而，此后三次特意算准时间去看日出，都看不到。而那第一次，也成为迄今的唯一一次。

初次去看日出，和几个大学辩论队队友一起，月黑风高的凌晨时分，开着摩托车往杳无人烟的石滩去。明明是晴天，却一直有层淡雾挥之不去，最后只得看着灰色的天空越来越蓝，什么都没有。第二回则是跟学生们去的。那年到黑沙去办两日一夜训练营，孩子都向往电影桥段里的热血场面，便约着去看日出，把我也拉上。那是十二月中旬，冷风吹得脸都冻僵，却等来一个阴天。

第三趟是刚发生的。跟朋友聊晚了，睡意一去不返，在客厅看了整夜的书。初搬到新家时已发现，这方向正好看日出，只是爱睡懒觉从来没计划过。遇上无眠夜，便独自坐在飘窗上等待。天边先有一道淡淡的红霞划破黑夜，倾倒出各种深深浅浅的蓝。红霞渐渐变多、变宽，周边的蓝天也越来越耀眼。漫天被染红之际，正东方有一片浓厚的灰黑色缓缓盘旋、久久不散。直至天色已亮，我被晒出一身薄汗，这才发现，那是一朵乌云啊。

三访日出，仍然无果，却又不经意中偶遇过。这是有缘还是无缘呢？

重新认识

最近到社区中心去给外籍人士教广东话，每回备课都头痛得不得了。中心只说“衣食住行”，课纲任我发挥，但我不了解这个族群，不知道他们日常会接触什么，备课时只凭想象。幸运的是，每回上课都很高兴，他们专注、积极、欢乐，连带我的心情也轻快起来。

从前可不同了。因为菲律宾语发音独特，加上菲籍人士常常放声大笑，尤其周末去黑沙烧烤时总要和他们抢烧烤炉，我曾经很厌倦于在街上碰见菲籍人士。

在另一个时间，以另一个身份去接触这个族群，感受完全不一样。他们离乡背井不过是为了养家糊口，倘若不主动找朋友出来聊天解闷，日常没有乐观轻松的笑声，在这个从未接触过的城市里，又该如何活下去？咭咭笑的声音虽然吵耳，也比阴沉静谧好一些。

他们在课上乖乖跟读，而且很热衷提问。有一堂课刚好在母亲节前夕，他们特意问“母亲节快乐”怎么说。我顺带说了父亲节快乐、儿童节快乐和妇女节快乐。来上课的大部分是女性，但偶尔也有几名男士。讲到不同的衣饰名称之际，作为少数者的男性虽不尴尬却不投入，临时加了几个单词，以他们头上摆着的太阳眼镜引申出新话题，他们又活跃起来。

重新认识这个族群，他们不再只是在街上放声大笑的外雇，而是一群热爱家人、努力工作的人。

最近一节广东话班里，前排好几位菲籍学员和我对答如流，显然不需要来上课都能适应澳门生活。课堂结束后，有几位主动找我聊天，想知道中心有没有普通话班。

开班一事不由我决定，我只让他们咨询中心的工作人员。但我很好奇，这是为什么呢？为什么能力超班仍然耗时来上课？为什么刚学好广东话又急于学普通话？后来中心人员告诉我，他们是为了证书而来，有证书才能写在履历上，方便找更好的工作。至于普通话，有一位学员的朋友在上海的美容中心工作，月薪是这学员的一倍有余，见识的人与事完全不同，她希望自己也有这种向上流动的机会。

当年在北京念书，见证了不少北漂的生活。他们的生活累且苦，却积极进取得叫人自惭形秽。除了钱，这当中也有很多高层次的自我实现。这些外籍人士里，也不乏这样的人。从前听说过，很多来澳当家佣或蓝领的外籍人士，学历水平不低，只是能屈能伸，愿意从低做起。当代青年常被物质富裕的社会捧成天之骄子，不肯轻易放下身段，此时反思，越认为这群外籍人士的韬光养晦着实值得世人佩服。

澳门小城地方浅窄，自然是不容易容纳所有人、所有梦。我也不希望自己的生存空间再遭挤压，但在争取的同时，能够感同身受、多做体谅，让来到我家寻梦的人不被随意轻视，这或许也是一种功德。

广东话班的学员们说，他们想了解澳门，所以我备了一节介绍澳门的课。

政府网站资料齐全，每个堂区图文并茂清清楚楚，我顺着从北到南的顺序逐一介绍，考虑到澳门街坊少以堂区记路，所以又补充一些本地的分区法。

本以为自己对澳门半岛的认识不浅，顶多氹仔和路环比较陌生，但配上资料，大概不难讲好这堂课。无独有偶，学员们好奇心爆发，问我为什么水坑尾叫水坑尾，又问到龙环葡韵旁上的山是什么山，热情地翻出出游的照片给我看街名。毕生只上过松山的我还是第一次知道澳门有一条“司徒泽雄神父马路”，只得求助互联网。

整节课下来，学员们很是欢乐，我却暗自汗流浃背，羞愧不已。备课期间已经强烈感受到“原来澳门还有这样的地方”以及“这些街道名称的由来原来是这样”，没想到，自己对澳门的认识还是如此浅薄。爸爸并非澳门出生，在澳门生活仅四十多年，却喜欢在小城走走逛逛。他常说，老是出外旅行吃吃喝喝，怎不在澳门玩？虽已在澳门扎根，但他还是常用一个外来者的目光看这个城市，时常好奇、热衷了解。广东话班的学员们也是一样，所以提出很多我因为习以为常而忘记观察思考的事情。除了重新认识一群外雇人士，上这堂广东话课还让我重新认识了澳门。

任教广东话班并不是我首次讲课。从大学开始，我便不时分享自己的辩论经验，虽非教师，却略有站讲坛的经验，也遇过不少可爱的学员。然而，这几节广东话班是历来最欢乐的经验。

教辩论的时候，面对的都是年轻学生。他们算得上乖巧，但少不免心散爱玩，下苦功的人少，总渴望下课。广东话班则不然，学员年纪较大，态度诚恳，课前早在笔记本上准备好问题，迫不及待找我要答案，到时候了也舍不得下课。上周有学员让我加开两堂，她想多学一些。

这对我而言自然是一支强心针，证明我讲得还不错，同时让我深深反思，为什么孩子们就不会如此认真上课呢？

若要深究，可想出很多原因，但朋友的判断更具说服力。当我们需要一件东西，自然会努力去获取。辩论能力和比赛奖项对当下崇尚佛系的孩子而言，并不是他们所需要的东西。他们来学辩论，不过是在课余时找点事情做，学到自然学，学不了也没什么。如此一来，自然不愿下苦功。外籍人士们来澳工作，语言不通立即吃亏，少了基本沟通能力，连向上流动的机会也没有，月薪全数寄回遥远的家中，留点钱给自己喝杯奶茶都有罪恶感。这等学习的“需要性”，非当代大学生可轻易想象。

重新认识教育的目的，为孩子建立“需要性”，让他们真正学到不一样的技能，这是我在广东话班上的获益。

斤斤计较

婚姻生活已开展了半年有余，是时候出现同一屋檐下独有的小争执。婚前说好共同承担家务，但丈夫工作忙碌，很多时候未能及时处理。看着杯盘狼藉，为求卫生，我自然就动了手。有一则有二，把厨房抹了、厕所洗了，把风扇叶拆下来抹一抹，沙发套和床单也洗一洗吧。一连串工作完成，周末已然过去，心心念念要写成的小说又落了空。日久难免生怨，却又想好好体谅忙于工作的丈夫，忍着忍着，压抑过度衍生怒气，争执终于在某个彼此都忙得不可开交的夜里爆发。

最近丈夫清空年假，在家休息十多天，恰巧我遇上难得的加班期，八点多才下班，没能相伴。这男人把洗衣做饭打扫等家务全数包办。在假期结束前夕，他向我邀功，然后笑着说，倘若包办家务的是我，该会多计较。

看着他露出如孩子般灿烂的笑容，展示自己努力的成果，他没有要我补回同等的工作，只想讨一句称赞、讨一个拥抱。以谢意代替歉意，确实让大家都快乐了许多。

为了不让任何一方受委屈，我总是努力分工，希望大家的付出相若，便不会怨怼。然而，分工虽重要，那些不愉快情绪却不源于此，追求分工平均才是令人心胸狭窄的原因。共同承担家务，指的当是互相支持，我有空我做，他有空他做，不计较不抱怨，才是一个家庭该有的样子。

爱的骗局

闲着无聊的时候，总喜欢和三五知己话当年。十三四岁的女孩子正是心思复杂之初，又逢上青春期，叛逆的芳心躁动，所以热爱 ICQ、MSN、Xanga 等通讯软件和社交平台。想当初，并不乖巧的我们也曾在某家麦当劳约见网友，或是趁家人熟睡后抱着电话聊个不亦乐乎。

想来真是幸运，当年人心纯朴，互联网织得还没那么密，连通上另一端的大多是年纪相仿的人，顶多无心向学，却不至于心术不正、立心害人。加上青少年喜新厌旧，相识没几天又去认识别的人，交浅言浅，不外乎是结伴玩几盘网络游戏，今天才可以当作儿时笑话说来怀旧。

当下世道大不相同，隔三差五就有报道细述网恋骗案，逢年过节便见司警教室积极宣道。密密麻麻的互联网反而成了牛皮纸，把人性本善包得不见天日。然而，莫说疫情肆虐，众人少了娱乐满腔苦闷，即便是平常日子，上班回家两点一线，偶有一天推窗望外万家灯火，对照下的孤清确实让人心生寂寞。数之不尽的交友 APP 和当年的 ICQ 在本质上没有不同。

起初我不懂为何那么多知识分子愿意踩进此等低劣无聊的骗局，想了好一段日子才懂，不过是想找一个人去分享心中的爱与怨，越是心急去找，越是失却理智。毫不设防虽说愚蠢，但坐拥亲人朋友伴侣相伴的自己，不过是略为幸运些许而已，何必刻薄。

热情就算熄灭了

学生某天发来一段自白，他说自己实在不像我从前那般对辩论充满热情，所以无法分配那么多时间和精力在辩论队之中，请我谅解。我想起自己还是学妹时，多番觉得辩论很耗时，后来当学姐，也劝退过后辈。有一位学妹曾经说过，她觉得辩论很有趣，希望可以留在辩论队学习、比赛，但她多年前已是排球队的主力，排球几乎是她的人生，她难以抉择。我果断地告诉她，鱼与熊掌不可兼得，如果她对辩论的热情不及排球，其实不一定要留在辩论队。

若干年过去了，如今我不敢果断地劝哪位学生离开辩论队。一来，他还没有找到热情更盛的目标，白白放弃辩论，对自己无甚帮助。二来，疫情之下，经济及民生动摇甚大，大学生们纷纷担忧自己“毕业即失业”，“兼职比自我增值重要”的本地大学生价值观越演越烈——连工作和收入都不保，谁还需要履历表上粉饰太平的“获奖纪录”。三来，也是疫情。当正课都只能上一阵停一阵，辩论队的常规训练和比赛更是如大海里的浮木般，载浮载沉、方向不明。学生们在教青局的贴心指引下未必难以毕业，但对于突然消失的辩论比赛，实在无力燃烧。被疫情熄灭的热情，任凭教练鼓励再多，也难以重燃。不知道球类、舞蹈、话剧及其他课余活动导师，是不是也遇上和辩论同类的困境？

学生的热情被疫情熄灭，不知如何重燃，叫我等教练苦恼。或许我应该感恩，辩论至少能够利用线上平台，虽然打了折扣，到底还是能够上网课、共商时事，甚至来一场模拟辩论赛。为了探路，我早年已参加过内地的线上辩论活动。早在疫情发生前，线上辩论在内地已十分常见，能够实现跨地区共同比赛，也省却找场地的麻烦。

除了比赛，辩论活动需要耗费大量时间搜集资料和讨论，非常耗时。学校推出的课外活动越发多元，资源有限的前提下，不容易随时提供备战场地。线上辩论在此助益极大，每人一部电脑能够一边讨论一边找资料，不用打印即时屏幕共享即可同阅，再开一个线上共享文档更可以立刻将资料整理妥当。记得从前初学辩论时，教练酷爱博客，竭力于网络推动文字辩论，可惜大家兴致缺缺。如今科技发达，线上辩论的形式已经更接近于线下辩论。

怀着自我感觉良好的经验和愿景，2020 年初我已开始向学生推动线上辩论。如今已过去两年多，好像还是没有什么起色。同学们将线上辩论简化到极致，只戴上耳机便自以为参与其中，然后跑去吃饭、聚会、做功课，甚至上班，只听不说，单向吸收。往时大家同坐一个课室内，我还能请大家逐一发言，如今我像对着白墙上课，不知如何收场。

线上辩论始终不是现场面对面，有时我狠下心要求大家逐一回应，有时我忍不住苦言相劝整顿风气。只是，隔着屏幕，连这些努力都打了折扣。学生自律性不足，教练软硬兼施仍然无补于事，渐渐我也佛系起来。要是无法像从前那样雄心烈烈，至少大家还是愿意参与，火苗就还留得住。若然逼得太紧，把仅有的苗子也扑灭了，那才真的得不偿失。

学习辩论十多年来，遇过的困境不计其数，最喜欢提醒自己的一句话，便是“毋忘初心”。当初是为了什么而学辩论，如今又是为了什么想放弃，壮志未酬便轻易放手，是否永不言悔？最后还是挺过来了，又闯过一层舒适圈。

疫情之下，这种自我提醒尤为重要。生活步伐被疫情操控，自主权的削弱令热情渐弱。这不光是对学生而言，对所有教练亦是如此。学生参加课外活动需要利用课余时间，教练并非正职，执教课外活动亦只能凭工余时间。在疫情之难下，蜡烛两头烧也让教练的热情面临熄灭，但是，如果一颗心还能暖暖的，死灰也有复燃的一天吧。

抗疫之路漫漫，推广各种活动的路又何尝不是？愿每一位课外活动教练都能保护好内心的小火苗，更愿青年学生们在这段岁月里有条件当一名学生。

夜读亦舒

难得失眠，静下心来翻读亦舒的小说。她虽量产，笔耕六十年不断，故事推陈出新，但我追看新作的同时，还是爱旧作。彼时社会节奏慢一些，故事节奏也慢一些，正符合我的审美。

喜欢亦舒的小说，除了因为情节独特、表达含蓄、人物鲜明、金句频出，更因为她笔下众生平等。富有的人贪婪天真，贫穷的人精灵活泼，相貌平平的人踏实上进有出色，漂亮英俊的人身陷泥潭或宛如花瓶。多了这些便会少了那些，谁也没条件瞧不起谁。最喜欢她写女明星。八卦杂志把女明星们写得拜金愚蠢，亦舒却写出她们的灵魂，比如说《她比烟花寂寞》。女记者追查已故女明星的身世，没有一点看不起明星的感觉，反而是无尽的体谅与哀悼。常说艺文艺文，卖艺与卖文实在相像。生活里的喜怒哀乐，因着需要而在特定的场合位置重复演绎。这或许也是为什么，无论是演员或模特，亦舒笔下总是同情卖艺之人的。

心情好的时候看亦舒，心情不好的时候也看亦舒，从高中至今早已形成习惯。有前辈说，读亦舒容易沉迷，然后被感染，文笔越发相似，或深或浅地染上一抹影子。与其说文笔，还不如说我的价值观已被亦舒培养成形，什么观点都尽量说得圆滑，提醒自己在外保持微笑，偏心保护女性多于男性，视同性恋和异性恋无异，以及特别喜欢白衬衫。

年纪大了，看的书既多且杂，不像以前独沽亦舒，多看了许多别的，但唯独亦舒的作品，我还是追着买。新作要买，绝版旧作更要买。买回来早已无法像以前般埋头一口气读毕，然而我还是买，来不及看便先放在书柜里，好生供着。据说踏入中年后，需要睡眠的时间将越来越少，到时候有一柜子亦舒陪伴着，漫漫长夜便有很多选择。

无形的收获

前些日子在Facebook收到一个私信，对方说很感谢我曾经刊登她的文章。我客气地回答，心里却久久不能平复。

踏入社会若干年，干过好几份工作，幸运至极，每份工作都遇到可爱的人事物，劳累的过程叫我痛并快乐着。每次回想，都自觉尽了当刻可做的最大努力，只是，这不代表没有遗憾。

我曾在大专院校工作，离开学校后的每一个教师节，都收到学生的节日祝福。我在工余时间担任辩论队导师多年，因为和队员们维持了亦师亦友的关系，是以从没被当成老师，也没收过教师节祝福。内地同学有一套自己的文化，我不过是学院行政，干些不大不小的杂务，却一直得到他们的尊重。离校数年，仍然能够收到教师节的节日问候与祝福。当时我答应要看他们毕业，结果疫情使毕业典礼未能举行，承诺永远无法兑现。

离开报馆时，也收到了很多作者朋友的祝福。我深知自己不是目光如炬的编辑，但庆幸遇上很多体贴、积极的作者。早些日子有作者获文学奖的认可，鸣谢的名单里竟有我小小的名字，叫我受宠若惊。这回收到的讯息，来自因怀孕而暂停写作的作者，她如今重新执笔了，特意找我说几句，邀请我看她的新作品。

薪金定然是工作中重要的，但沿路得到那些无形的收获，是当初支撑我坚持的力量。我很遗憾，自己没能照顾更多的学生，也没有成长为有能力发掘、培养作者的编辑。两份工作里，我一直都是那个站在一旁打气的啦啦队，但很感恩，啦啦队的呼声还是被珍惜了。人生很长，不知道未来还会在工作中遇上什么人、什么事，但我知道，用心总是好的。

礼物

每回收礼物，都会怀着最大的感恩。无论礼物是什么，这份惦记的心都是值得珍而重之的。然而，我实在是一个很怕杂物的人。那年有朋友储了一套麦当劳的可口可乐玻璃杯送给我，物重情意更重，但是一家四口甚少来客，这套杯子放到变色都没用过一回。若有什么冰箱贴、钥匙扣、公仔摆设，看着就头痛。偏偏这些是伴手礼的大热之选，别人送的总不好丢掉，只得一直放、一直放，放到它被磕破撞碎，才能合理地离开我的视线范围。

最理想的礼物，应该是实用而不占空间的。我最喜欢送一些精美的小文具，或是小零食，容易消耗。若是大件一点的，最好是小家电，或是衣服毛巾袜子之类的实用物。要不然一页明信片，跟我分享风景与心情，也是好的。

所以，当挚友们重提交换圣诞礼物这件事，我便说不出话来。

买礼物事小，重点是要求自制，这就很难做出什么实用品。我想起中学时织围巾、用雪条棍拼首饰盒等等，通通失败，且还伤了指头。手笨如我，连画一张圣诞咭，也是扭曲了雪人的五官，年复一年成为被嘲笑的对象。这样自然不敢自制什么姜饼、什么皮革之类——容易把自己的十根手指都搭进去。

在网上找灵感，最终决定做点无聊的小东西：爆炸咭。看着影片，不外乎是剪剪折折贴贴就好，制作过程安全，成品小巧不占地，拆封过程还有点小趣味。虽然不实用，但至少我做得来。

花了一个月，伤了七个手指头，断断续续把这份礼物完成了。完工后的前三十分钟，自我感觉良好，之后便一直陷入挑剔和质疑的循环里。毕竟，接受这份礼物的朋友们，都是劳作高手，曾给我送过缠上圣诞灯饰的照片墙，还有以手工扭出英文名字的项链。我手中的爆炸咭，比例不太对，有点歪歪的，机关也卡卡的，大概也会成为今年的笑料。以视死如归的心情递出礼物，结果朋友们却大喜，我一雪前耻，感到心头暖暖的。

好久没有送出这种没什么用途的礼物，心底里对自己不甚满意。然而，想起制作过程中的每一刻认真与用功，原来，我已很久没有为了工作以外的事情如此努力了。亲手把礼物做出来，这个过程，或许也是送给我自己的礼物。

再见，君比

第一次知道君比这名字，我才刚上初中，悦书房是我最喜欢流连的地方之一，仅有的零用钱也几乎全花在那里，君比的书便是在这窄窄的小书店买的。在双职父母的家庭里长大的孩子，青春期总是分外寂寞，满腔没有缘由的复杂情绪找不到倾诉的出口，全倾注在一本本小书里。

君比的《叛逆岁月》系列便是其中之一。

她笔下的主角，和那时的我年纪相若。只需要应付考试，不用担心经济和家务的我，是一个不识人间烟火的大孩子。如果不是君比，我或许要到好久好久之后，才知道边缘少年这四个字是什么意思。

以边缘少年为题材，君比浅白的文笔写下一个又一个真切的悲惨故事。因为读过这些故事，才猛然了解自己的幸运，并开始发现繁华都会里的苦难可以有多苦、有多难。后来，我参加了学校的义工队，又参与了社区探访和山区义教活动，或许都是这个时候培养起来的善良。因为没有发生，所以无法想象，如果没有读过君比的青少年读物，不知天高地厚、活在象牙塔里的我，会成为一个什么人。

上了高中，课外读物换了一批。亦舒、张小娴、林咏琛都被放在悦书房最当眼的位置，我没再钻进第二排书柜去找君比。再到后来，悦书房一去不复返了，我才想起自己没有把《叛逆岁月》的全系列看完。

日前在新闻看到君比的消息，遥远的回忆一帧帧浮现。我翻箱倒柜才找到《叛逆岁月》的第一集。故事已经烂熟于心，花不了多少时间便重读了一遍。这些年已然过去，都会的繁华不减，这些边缘少年也不减。君比不在了，少了一个人为他们写个好结局，但她的作品还在，或许还是能够为这群孩子们留一点慰藉。

我把仅有的小书放好，留着将来把故事说给不同的孩子们听，让他们也能习得字里行间的善良与温柔。

忘记

我曾经有一个非常喜欢、非常珍惜的小公仔。挂在书包上怕遭雨淋，放在书桌上怕蒙了尘，天天都忍不住要看它几眼，替它抹抹身上的灰。

这个小公仔是朋友送的。那年冬天，穿着羽绒服都感觉到一身寒气，那个朋友把小公仔送到我家门前，轻轻放在我手心上，微笑着跟我挥挥手便回了家。小时候没有多少零用钱，这个小公仔是我看中了却一直没买成的。朋友知道了，悄悄存了钱，一够钱买下来就立刻送给我。

朋友之间，哪有不吵架的。但是，只要看到这只小公仔，气就消了。

事情过去太久，我已想不起后来是因为什么断了交情。总之，现在大家不是朋友，很多年没有联络了。当时我把对方送过的礼物通通还回去，各种公仔、几本小说、可爱的小银饰、一些我现在已经记不起来的零碎……只留了这个小公仔，被我放在抽屉深处，不见天日。

后来，不开心的事渐渐放下，我便想翻出这个小公仔摆在饰柜里。无他，纯作装饰。但是，无论怎样翻箱倒柜，就是找不到。我费尽气力回想，回想自己上一次看到这个公仔是何时，回想自己有没有把它带出门，回想各种可能存放的地方。最后发现，我一点印象都没有。找了三天，还是找不到，我放弃了。它并没有顺着“你不找它它自然会出现”的规律，而是彻底地消失了。少不免一阵可惜，却没有太大的感触，事情很快就过去了。

我把故事说完，坐在对面的他没有说话。他失恋了四个月，心情还是很低落。对于失去伴侣的失落感，要花多少时间来平复，每个人都有不同的标准，我早已不知道，还有什么话可以用来表达安慰。或许，所有安慰之词都爱莫能助。如今唯一可以做的，是请他相信，事情会过去的，他会好起来的。残忍也好，幸运也好，忘记始终是人类的一种本能。

时间的轮廓

当快可立出现在筷子基时，逸园狗场还是澳门大部分学生的校运会场地，因此它顺理成章地迅速成为学生眼中的香饽饽。后来，珍珠奶茶四个字开始蔓延，母校附近出现了水研社和Comebuy，让青春里萌芽的选择困难症又多了一个展现的舞台。

快可立从出现到离开，我都没有得到过零用钱，所以完全无法体会它的味道，但我赶上了水研社和Comebuy，那是我叛逆的出口。学习压力和比赛压力交叠，我常逃避正餐，把钱花在一杯杯甜腻腻的手摇饮品上。其实我更喜欢水研社，但Comebuy的柠檬爱玉正对胃口。自此，要喝柠檬爱玉我就只买Comebuy，而到Comebuy也只会买柠檬爱玉。

到我开始自己挣零用钱的时候，澳门已经出现了Donago和贡茶。我也迷过一段日子的奶盖，毫不犹豫就抛弃了Comebuy。之后才出现了三盏灯这个“废水集中地”，甚至演变成“总有一间在左近”的密度。这时，我对手摇饮品的渴求已经很低，除非心情特别恶劣，否则宁愿喝柠茶。

要不是Comebuy代理合约到期，大概我这辈子都不会再去的。不讨厌，只是不需要它而已。没想到，Comebuy已经没有柠檬爱玉了，店员建议我点柠檬绿茶加爱玉，我没有拒绝，毕竟我别无他选——别的我也不喝，只好选择最接近的。同行的他点了其他饮品，边喝边评头品足，觉得Comebuy质素大不如前。我喝着根本不是曾经喝过的东西，无法答话。

我这才发现，Comebuy 在澳门也起码扎根十年了。当初喜新厌旧时怎么没算过时间？为什么只有在它要离开我的时候，我才会意识到时间已经走了多远？我怀疑，平日的时钟只是用来规划生活，人类真正感知到时间的存在，都由失去开始。

长大的影子

跟 Comebuy 道别的文章一出，挚友问我，怎么没写绿茶小馆。因为，它不能归类为手摇饮品的外卖店，那是我心底一道抹不走的影子，要另外写。

刚开始也不过视它为普通的外卖店，付钱取货，扭头便走。后来挚友和老板娘相熟了，带着我坐在店面角落，翻着八卦杂志看人来人往，吃饱聊够才走。小时候内向，很少和店家搭讪，绿茶阿姨是第一个。许是太放松，后来跟首任男友分手前夕的冷战，就是在绿茶揭幕的。阿姨没说什么，但炸了一盘香喷喷的鱼蛋香肠，任由我边吃边向挚友抱怨吐槽。

我们几个朋友里，我是第一个考上大学的。她们放学后去插科打诨吃零食，我已工作读书两边跑。偶然去一趟，阿姨都笑说很久不见，还会问我近况。其实以前我也没她们去得多，家里管得严，约十次大概只去五次，我以为阿姨不认得我，原来她认得。绿茶小馆是一个神奇的地方，店堂小小的，只有阿姨和我们，什么大逆不道的话都放胆说，不似在麦当劳或小泉居，总要收敛些，怕旁人听了去。那是我们的老地方，想不到要吃什么、去哪里，就先在绿茶小馆集合。本来说好要吃某家新店，最后又被阿姨的炸墨鱼丸片、芝士咸牛肉治和卤肉饭吸引走，配一杯波霸奶绿、椰果柠檬汁，一天又悠闲地过去了。它最后营业的那天，我们特意去坐了一个下午，拍了照片，跟阿姨好好说几句话。

时光就是如此，阿姨会有累得炸不动小食的时候，我们也会有在小凳子上坐得腰酸背痛的时候，不得不让彼此告别。但时至今日，我们在群里迟迟决定不了会合地点时，仍会想起绿茶小馆。它就像一道影子，亦步亦趋。面朝太阳走的时候，影子总被丢在背后，扭头去望便看不见前路。我们只得抬头向前，相信影子会一直趴在心底最柔软的角落，永恒存在。

何时看海去

喜欢看海，似乎是与生俱来的。刚学会走路，便被父母带到黑沙海滩去踏浪。穿着连身小泳衣，顶着婴儿肥的小肚腩，还在牙牙学语的我就这样踩着乌黑的沙，往白浪跑去。说起来，身边不少朋友的童年海滩初体验都以哭声开始，或以哭声结束，只有我，由一开始便乐在其中。

读书的时候，常常在假期约上朋友到黑沙烧烤。每回我都会带齐短裤拖鞋，吃饱就往海滩踏浪去。有一回，开始得晚，吃饱已天黑，我仍旧走到海滩，坐在海浪拍不到的稍远处，静静坐着看。

日间的海和晚上的海截然不同。太阳下泛着白色闪光的海浪，是灿烂炫目的，它像是一直朝岸上的人招手，呼朋唤伴齐来嬉戏。海里也好，岸上也好，人们都是热闹地笑着，踏浪、踢水、畅泳，海浪是陪着我们耍乐的玩意儿。晚上则不然。盯着黑漆漆一片的大海，月光连浪花的轮廓都照不全，只有源源不绝的水声，一波又一波地涌来。有些人觉得心慌，有些人觉得放松，但或急或缓的浪声从来没有夹杂过一丝情绪，一切是岸边人自己的心情，与大海无关。

那天我头一回坐在夜里的海边，安静得叫自己都觉得陌生，却没有动弹的意欲，入迷似的盯着海看。后来朋友们找我，几个大孩子嘻嘻哈哈的，站成一排踩在浪里，无视脚掌传来的痒意，大声呐喊：“We are the king of the world！”要不是心血来潮话当年，说不定再过几年便把这些年少轻狂忘得一干二净。这几年，很少能够抽出半天时间到黑沙去，偶然有瘾也不过到水塘或南湾坐一会儿，看着波光粼粼，算是一点慰藉。去年年底跟学生烧烤，倒是在黑沙踏实待了好几个小时，只是不停遇见认识的人，光是打招呼问好已耗尽力气，便没有心思静静看海，也厚不起脸皮大声呐喊了。

她的腰上有一棵彩色的树

在京读书那年结识的她。她长得高大，却很温柔，五官精致而深邃，但老驼着背，是一个美丽而不自信的人。同学都说她高冷，她却很照顾我。

在北京的时候，她是唯一带我逛街吃饭自习的人；离开北京后，她是唯一来澳门看我的人，还不止一次。

每次来，她的男伴都换了。有些人，看起来就是没有结婚的打算，但她还是身心全奉献，劝也劝不住。她说她不介意试，她太渴望爱。

有一次，她带着一张动了刀的脸来。本来挺直的鼻梁拉成生硬的直线，她像抱怨买了色号不对的唇膏那样抱怨那硬得变了形的下巴，拉我的手去摸。问她，是谁说她不漂亮。她只说，漂亮一点便容易一点得到爱。

那天晚上，窝在她的酒店房间聊天。她喝了一点酒，一直说着话。她记性好，连我随手给的一块杏仁饼都记在心头，我却在这个时候才想起，那年在北京，她说过，父母不爱她。

爱是那么抽象，但她感觉得到。家里富裕，养一缸金鱼也用最好的物质条件，虽然一年也不看一眼——她觉得自己是那缸里的其中一条金鱼。

她渐渐睡着了，但长期失眠的她大概不到半小时就会醒吧。梦里转身，她露出后腰。当年在北京，她纹完身就立刻拍照发给我，在后腰纹了一棵彩色的树，枝叶繁茂，鲜艳照人。如果每一只叶都能给她一滴爱，该有多好。

早知这世界不似童话

即使知道世界残酷不堪，事情真的降临在一己之身时，仍然止不住内心的震撼与悲愤。比方说，被喜发酸言恶语的网民们群起攻之。

朋友自小是绘画比赛的常胜将军，这次赢了当地一个政府部门举办的大型比赛，大家都在群内热烈庆贺，争相转发喜讯。在某网媒跟风报道后，好心情一落千丈，报道写得持平，只是留言不怀好意，挑尽骨头，从设计意念到作者画风，均尽力“抽水”，掀起另一场比赛——斗烂口比赛。

这次是朋友所获奖项中最大的一个，且意义非凡，因此对这场言论风波耿耿于怀，偏又按捺不住一直查看更新。得奖的欢快在两小时间被摧毁，还担心新闻照片登出后随时被起底。

见过风浪的人就会知道，不管正评负评，有评有关注已是成功的一大步。

虽不算见惯风浪，但也经历过这些恶言相向的洗礼。多年前参加某社团举办的才艺比赛，因比赛名称取得夸张，连邻埠都来“抽水”，八强无一幸免，由培训到胜出，每一篇新闻稿、每一条宣传片都被取笑。几个月下来，想不看开也不行了。

看着朋友犹自纠结，想起屠龙的勇士。童话中，勇士面对阴险巨龙，不管别人如何嘲讽阻止，仍坚持以勇匹敌，保护家园和心爱的人。现实中，谁又敢与网民作对？只怕站出来还被人指责斤斤计较。早知这世界不似童话，只得以一叶障目，方看到稍为漂亮一点的世界。

看海

喜欢看海，从儿时在语文书里读《我们看海去》开始。那时着实小，通篇读完也不管故事的主旨是什么，就记得这是一个小女孩和萍水相逢的陌生朋友的约定，很浪漫的约定。

后来长大了，想通了这故事，加倍对看海有了感情。每当想不透生活里谁是好人、谁是坏人的时候，我便坐在岸边眺望潮起潮落的海浪。好人和坏人，是对谁而言呢？对小英子温柔的他，竟是盗人财物的小偷；向小英子套取情报的，却是除暴安良的警察；每天聊心事、隔三差五送来小礼物的同事，往往带头出卖；平日话都不多一句的朋友，却在众叛亲离的时刻不离不弃……每一个浪扑来一个答案，转瞬又被下一个浪冲走。

看海，从来不能得到答案。只是堵在胸膛的那口污气，渴望被海浪冲刷，被海风轻拂，好重回畅顺——即使知道，畅顺后还有下一次堵塞，像潮起潮落的循环不息，但有过一刻畅顺还是好的。日子久了，杂务多起来，栖息在沿海小城也不是常常有时间到真正的海边去。只得坐在海皮一角，甚或水塘旁边，在万家灯火里掬取一撮对海的想象。

真想放一天假，避开那些必须看见的、不知是好是坏的人们，跑到海边去。还像小英子那么大时，看海可不奢侈。怎么长大之后，连寻觅海风吹走一口污气，都得找附近的小地方来将就自己呢？看着眼前一片微波荡漾，污气化成叹息，萦绕路旁的街灯上。

生活有度

自小爱买各式精巧文具，前些年还一口气买了四五个笔记本，每个本子都逾三百页厚，拿在手上颇有分量，想到自己将一笔一笔把这本子写满就忍不住满怀兴奋。只是，到货后不久，新冠疫情来临，这些本子的使用率直线下降，时至今日，才写了半本。疫情似乎未见尽头，为免浪费，我决定将本子转赠朋友。

朋友挑中了我最喜欢的一本，墨绿色的软皮封面上，烙上了“生活有度”四个小字。彼时因为私事繁忙，我不得不辞去原有的工作，正站在人生十字路口进退两难。每天起床都像打仗似的东奔西跑，晚上却从不准时睡觉，只视乎自己的身体能够支撑到何时，才不知不觉地堕入睡眠，翌日重复。猛然看到“生活有度”一语，深受打动，虽未知何时得以实现，却觉得这是一个好盼头，也奢想借此鼓励自己过得自律一些，于是立刻收入囊中。这些年过去了，我带着这本子嫁作人妇，生活不得不添加了更多杂务，也让我放弃不少原定计划。回首看来，虽还是忙碌度日，但我有了固定的工作、日程，前些年的苦恼也渐上轨道，冥冥中逐步实现了“生活有度”的目标。

要把这本子送出去，我还是很舍不得。然而，如果这种传递，可以让那位朋友在不久的将来也过上有度的生活，或许还是很值得的。

迁徙

在海外求学的孩子上个月忙不迭赶回学校去，这下子宁愿停学也要匆匆赶回来了。看着航班路线交错，有点像候鸟为生存而迁徙。不过是人类求生的本能，只要好好配合相应的保护措施，没有什么需要责备的。尤其，当中有很多自己认识的人，总狠不下心让他们在异乡孤立无援。

回来的留学生里，其中一位是我的朋友。

她和本澳第十三位确诊者同一班飞机回来。消息出来的时候，她正一个人在酒店被隔离，准备上网课。收到医护人员的提点，以及看到新闻便蜂拥而至的慰问，她说，她很害怕。

"我们回来，是不是祸害了澳门？"

这可能是一条有关轨道求生的问题。刹车失灵的火车即将撞上五个人，唯一的选择是切换轨道，但另一条轨道也有一个人。死五个抑或死一个？谁是无辜谁不是？这是《正义：一场思辨之旅》中的经典问题，没有答案的一道问题。

在非常时期里，理智冷静地处理问题是很重要的，但人总是有感情的动物，冷静中不能冷血。无论火车撞死的是五个人，还是一个人，旁人力所能及可做的事，是让活下来的人能够身心健康活下去。倘若要生还者背负罪名，那么死的可能是六个人。这才是最坏的结局。

夜幕低垂，另一只自海外飞回来的铁鸟降落。这场大迁徙不知道还要持续多久，只愿候鸟们都能找到安适的巢。

还一个心安

有天在外，手机电量不胜负荷，我随便找家小店租用了充电宝。借是小事，还则比较麻烦。虽然这款充电宝有不少归还点，但都不是二十四小时长期可用，碰巧我连续三天早出晚归，这充电宝就一直躺在背包深处近百小时。按金早已扣清，但归还会清零抑或叠计费用？我不肯定。于是掀起一点挣扎：干脆别归还吧，算是自己把这充电宝买下来了。即使有可能影响信用评级，但各家供应商又不会共享信用，大不了我以后只借别家的，对我而言，损失有限。

这种小挣扎大概比比皆是吧。无车的红灯前要不要直接横过马路？没有排队的公交站牌下要不要让别人先上车？最后做出何者选择，只有自己知道，沾沾自喜或自责不已，答案也只在自己手上。

或许是脑筋呆板，大事想不过来，我常常惦记这种小事。越是微不足道，越是浮想联翩。充电宝留得越久，可能被收取的费用也越高，为怕面对潜在巨额，拖延症更是发挥得淋漓尽致。最后战战兢兢把充电宝还回去，看着系统缓缓打出数字：把按金扣光后，没有收取别的费用了。可能是为给钱一事做足了心理准备，看见被封底的数字，感觉像得了什么幸运大奖。按金全被扣清自然也不是划算事，但心情轻快舒畅，这或许算是给自己这段挣扎的一个答案吧。

新鞋落地

什么都可以将就，唯独鞋子不能。校服可以买大号的收一收衣摆裙脚，翌年长高再放针，直至稍稍显短，也还是能够撑几个月。过了青春期后，身型变化不大，款式颜色都不重视的话，衣服可以穿到2046年。瞧我一套睡衣能穿十多年，就知我多懒得添置新衣物。这却有个例外：鞋子。脚上的鞋大了丁点、小了些许，都走不了路，所以鞋子必须及时更新。

因为走路姿势欠佳，即使鞋号没变化，鞋底的破损也会让我不得不每年买鞋。与每一对鞋共度的时光有限，比起穿不烂的衣服，我更珍惜鞋子。《岁月神偷》的金句这样说："鞋字半边难、半边佳。"第一次听的时候我就愣然了，因为我是一个曾经把鞋字写成难字的人。小时候流行"新鞋落地踩三脚"，朋友们都真的拿脏兮兮的鞋底去蹭我的白球鞋和黑皮鞋，委屈又心疼，但生气显得计较，怕朋友们不跟我玩，只能装没事人，回家边忍眼泪边用力擦净鞋面。那时候的日记，写到新鞋都忍不住写成新难——我太难了。

长大之后，朋友们自动放弃这无聊的游戏。我到了十九岁才第一次感受到穿新鞋的快乐，因为它真能维持好一段时日的新净。别人说怀念青春里的什么什么，我有时盯着自己的鞋面，会悄悄不答话。不，青春里不是什么都值得怀念的。有些东西、有些事情，长大之后更好。

无常

我的人生中，暂只面对过一次生离死别：久病在床，日渐干枯，既漫长又痛苦，却又有足够得多余的心理准备。那一次，或许是历经的过程太长久，也或许是当时的年纪太幼小，总还尝不出无常的意境：出乎意料的、惊惶失措的、目瞪口呆的、心有戚戚然的……

直至那一天。

那也已是好些日子之前的事，大概在澳门还有“刮着寒冷北风的冬天”的时候发生的。我在被窝中享受懒洋洋的气氛，突然网上就出现一连串关于某位老师的死讯。即使那位老师与我久未相见，过往亦不算亲近，心底还是泛起涟漪，叫我搞不懂，明明会讲会笑、会叫会跳的一个人，怎么一下子连呼吸也没有了？

想起当年，外婆身边的人，包括自己，都知道即将要离开。因此，要说的话、要见的人、要做的事，通通完成。

而无常，什么叫作无常？

无常就是那人的外套还搭在椅背，他却不再回来把它穿上；无常就是那人的牙刷尚在杯中，他却不再把它拿起；无常就是你以为满腔的话，总有细细倾诉的一天，而那一天，却永不再出现。他昨天还跟你跑步吃饭、他半天前才和你聊天说笑、他上星期定好的约会就在明天，这么平常、这么接近，却又这么遥远。想到这里，心头块肉不由得软化，跟爸妈说话不由得放轻声线，跟朋友聊天不由得少开无聊玩笑，跟情人细语不由得多添情话，我希望，他们脑海中，最后的我，是温柔体贴、笑语盈盈的。见过无常，谁还斗胆和身边的人再吵一架呢？谁不怕这吵闹冷漠的一幕是句点呢？

遥观生命无常，感触良多。这种触动，能持续多久？人都是善忘的，会不会过了今天的日落，好勇斗狠爱逞强的争吵又回来呢？谁都不知道。但此刻，我要和父母好好吃顿饭、跟朋友好好喝顿茶、跟我爱的人好好拥抱。

日常

五年前，一位退休老师辞世，消息来得太突然，最终写下一篇《无常》记之。时间过得飞快，上月又传来噩耗，这次是学弟。他很有才华，却没有时间，所以额外使人揪心。没过几天，澳门首宗流感死亡个案，在还未平复的心头上再插一刀，忧伤的余震继续蔓延。

无常的力量太大，有朋友沉溺在反思中，怀疑自己活得不够尽力。网络来传达的文字太苍白，想和她面对面聊一聊，从无常的震撼回到日常生活来。然而，彼此都是生活容量满泻的人，几乎连吃饭的时间都没有，才发现，过于坚强的都市人，从来没有离开过日常。

虽说脑海里仍然惋惜那离开得太早的生命，但身体却自觉地穿上套装挤上公交车，用稳定悦耳的嗓音回复客户的来电，以礼貌淡然的微笑回应上司的呼唤，像此刻在键盘上飞跃赶稿的双手，和日常无异。恰如其分的冷静营造出的平和，是最残忍不过的日常——残忍在于它诚实地揭示，不论谁走了，地球仍然在转。

这也没有什么不好的。若大家都把今天当成末日来活，跑去花尽存款“实现梦想”，万一无常没有来，该如何去应付日常？不要愧疚，不要自怜，“活着的人总要有活着的样子”，继续扮演没事人在电脑屏幕上敲打呵呵和哈哈，毕竟，天堂上的他与她并不希望你太早相伴。

继续活下去，用日常的样子，才是最好的样子。

时令补品

躲在家中研究下厨二三事，已是每逢抗疫便要出现的常见行为。为了保证身体健康，广东人最擅长煲汤。夏天消暑喝冬瓜汤，冬天驱寒来碗羊肉汤，要数滋补首选鸡汤。体虚如我，一年四季皆可饮鸡汤，什么名贵药材都不需要，光是半只去皮鸡，添两片姜，随便煲两小时即可，简单易操作。若是不怕上火，鸡汤可以煲四小时以上，滴滴精华香浓可口，又因一早去皮不觉油腻。

身体需要鸡汤，心灵是否需要呢？十多二十年前，心灵鸡汤丛书是随处可见的必读书籍。如今要是说自己喜欢鸡汤文，大概会被耻笑吧。别说是那些充满正能量的文章了，光是宣扬善良、包容、感恩等品德，都可能引起一些人的讥笑。

在新冠疫情影响下，众人改变原有生活节奏已两年余，今因突见严峻的情况和措施，积累已久的倦意激发成怒气，此时强灌一碗滋补鸡汤只会让人着急上火。还有一种情况，是那些人本就底子燥热，鸡汤等于火上浇油，那还补什么补。

喝汤需要讲节气、视体质，正能量的输入亦然。感恩的心自然要有，但首先适度释放内心深处的火气，才不会一把干柴把仅有的善良都烧尽。此时突然想起“打小人”这古老习俗，拿起拖鞋边拍边咒骂那些变种又变种的病毒，顺道出一身汗去去怒气，似乎比网络骂战越煲越热要有效一些。

有种滋味叫老北京

离开北京的时候，是欢快的。但回到澳门之后，又想念了。在北京读过书的澳门人不计其数，其中有人在墨山巷开了一爿老北京烧烤店公诸同好。

“老北京”是专营宵夜的小食店，烧烤炉上摆着羊肉韭菜与馒头片，冰箱里是矮瓶酸奶与冰糖草莓。当然，鸡翅啤酒与薏米水是少不了的。澳门的烧烤放蜜糖，北京的烧烤放孜然，因此，澳门的烧烤是青春的甜美，北京的烧烤是浓烈的江湖。老北京继承了江湖味，适合心事重重的雨夜，也适合狂欢不忍散的深宵。

喜欢老北京，也因为它延续了、弥补了在北京的故事。那年蹲在地铁站后小巷里的板凳上，穿着夹趾拖鞋撸串儿，大瓶大瓶的燕京啤酒倾泻对未来的展望与期许。当时的眼前人是唯一的依靠，碰杯的清脆为新的友谊拉响喜炮，花纸卷却瞬间沉没到啤酒泡中，消失无踪。为了扭转回忆，在澳门的老北京，与真正的朋友，重新享受这种豪迈爽快的时光。孜然与啤酒的味道，终于不苦不涩。

即使常常光顾，仍不厌烦地拍照打卡。无论是谁留言，都巨细无遗地描述美味。当时抱着宣传的心，现在回首，竟像为怀念埋下伏笔。

嗯，它关门了，不意外地，败给地产霸权。

每每看到社交网站的当年今日不断回播，老北京的滋味都决断地说，没有什么不会离开，人如是，味道如是。喜怒哀乐都只能活在回忆里。

有伴

早几天心血来潮，跟朋友约到家附近的社区公园打羽毛球。天气很好，不太晒的阳光、不太狂的微风，我们很快就进入状态，边打球边聊天，旁边还有孩童可爱的笑声萦绕，一点不觉累。

社区公园里有很多孩子，婴儿车里被推出来晒太阳的，一岁多被牵出来学步的，四五岁骑着小自行车出来学平衡的，七八岁出来荡秋千溜滑梯的，全部成群结队，热闹非常。其中有一个孩子，站在我和朋友附近，旁边停着他的平衡车，站了十几分钟。我们起初没有特别留意他，直至他靠近我的朋友，问道:“我可以和你们一起打球吗？”

那孩子年约十岁，长得挺高，白白瘦瘦的。虽然他已经摘下了口罩，但脸上没有什么表情，看不出他的喜怒哀乐。我们老实回答，只有眼见的两个球拍，无法让他加入。不知道他有没有看出我们眼神里的歉意，他“哦”了一声，后退一步，没几秒钟就骑上平衡车走远了。

我们的话题落在这个孩子身上。他大概是自己一个人来的，站久了有点无聊，不知道鼓起多大的勇气跟两个成年人搭话。要找伙伴一起玩耍，怎么不找同龄人呢？这个时候我有点后悔，刚才为什么随意地回答了便算，为什么不停下来和他聊天？说不定他很想打羽毛球、很想有人陪伴，但是他好不容易提起的勇气，得不到如愿的回应。

老有朋友劝我，不要把别人的情绪和需求揽到自己身上。那孤身一人的孩子，父母家人没有陪伴他，所以他才会自己一个人站在社区中间找陌生人。我当然知道自己没有责任，但总有点戚戚然。

小时候，我也常常到社区公园去。因为和弟弟的喜好不同，我们在公园很少一起玩耍，都是结识别的孩子一起玩。彼时和那孩子差不多年纪，玩起来不用十分钟便能混熟，不知尴尬为何物。现在让我这样去结识“新朋友”，大概从清早站到太阳下山我都提不起劲做这种事，宁愿躲到树荫下看书。

越想越觉得那没有伙伴的孩子可怜，也越觉得自己找得到朋友一起打球是非常值得感恩的事。人类是群居动物，在这个一眼能看尽的小公园里，更能看到大家如何三五成群地集体活动。那些嬉笑的声音、追逐的声音，全都传达出愉快、欢畅，以及安全感——有同伴的安全感。那不只是知道有人照顾才形成的安全感，那更是通过互动建立的，我知道有人在听我说话，也知道有人愿意说话给我听。这种安全感让我们清楚知道自己是存在着的。

临离开公园前，我回头张望了一下，远处有个白白瘦瘦的孩子在荡秋千，距离略远，我认不出来是不是刚才那孩子，我希望是。希望这个孩子在这个早上、在需要玩伴的时候，找到了愉快、欢畅和安全感。

晨光熹微

谁在期待出发

春天是我心目中最矛盾的季节。人们对这个季节有着最美好的想象，它象征着开始、崭新、希望。那么多故事里、诗歌里，将最浪漫的心情和桥段投放到春天，“胜日寻芳泗水滨”“春江水暖鸭先知”“花有清香月有阴”，全部美不胜收。可是它的天气却令人特别提不起劲，潮湿、微雨、乍暖还寒，叫路上每一个人都懒洋洋的。尤其是澳门的春天，所有风景都被罩上一层浓雾，不像仙境，倒像噩梦。

我是在春分出生的。因为天气潮湿路面滑，妈妈在临盆前几天曾跌倒，万分幸运才平安把我生下来。这样的经历并没有让我对春天产生什么感情，与之相反，我不喜欢春天。除了与生俱来的危机感，还有一个原因：外婆是在春天离开的。从小知道，外婆一直身体不好，是以她从没抱起过我，也不会喂奶换片陪睡。可是她疼我，只要有精神下床走动，她便会接我放学。她离开的日子和我的十一岁生日只差几天，在那之后的每一个春天，都埋藏着更复杂的情感。

今年春天，我几乎足不出户，守在糯米团似的女儿身边，天天播放着不同的儿歌。其中一首是《麦兜》的《春风亲吻我像蛋挞》：“万物在生长，风在期待出发。”春天的漂亮，或许在于充满想象和可能性。在冬天里不得不枯萎凋零的风景，总会迎来重新萌芽的日子。即使暂时未能绽放，至少有这样的机会，而春天便是这个机会。小城里那一帧帧美景尚未现形，却在潮润的水分里蠢蠢欲动，待旭日拨开云雾之时，散发出闪耀的光彩。对这些美好的期盼，正是春天里最美丽的事。如此一来，那些迷蒙的雾气和要暖不暖的温度，也有了意义。

大富翁之梦

小时候最渴望的玩具，其实是大富翁。亲友们送过洋娃娃、毛公仔、UNO、积木，甚至是一整套家家酒玩具，但都没有送过大富翁。所以，第一次玩大富翁的时候，我已经十四岁了。当时在同学家玩耍，他们都一副悠然自得，而青春期下萌芽的攀比心占据我脑海，一方面努力装出洒脱的样子，一方面暗自苦恼为何总是抽中倒退或坐牢的命运牌。

这段时间正是网购旺季，大数据不知如何入侵我的回忆深处，推荐我购买那套宠物小精灵大富翁。价格不贵，我想也不想就把它放进购物车。说是送给近期重新迷上 Pokémon Go 的丈夫，事实上是圆了自己想拥有一套大富翁的梦。小时候对大富翁充满幻想，我可以拥有自己的服装店或咖啡厅，衣和食都无忧；也可以坐拥一幢大厦，随时欣赏海景或云景，而且只需收租不用工作，手上的玩具钞票比谁都多。相比起真正苦苦挣扎的穷孩子，我的童年过得尚算宽心，但母亲刻在骨子里的节俭总让我怀疑，是不是需要很努力才能够活得足够舒服。彼时不太懂得“有钱”的实际意义和代价，却很喜欢装作自己有钱，仿佛这样特别快乐，所以那么多玩具中，才会特别青睐大富翁。也因如此，十四岁的那一次经历才会让我那么不快乐——我已渐渐体会到获得带来的战战兢兢，以及失去带来的失望心痛。胜负欲紧紧盘踞在我心头，直至后来我做任何事情，都很计较得与失。

大富翁到货了，我把它放在当眼处，却一直没有拆开。家里只有我和丈夫，朋友们也早已脱离了对大富翁游戏感兴趣的阶段，这一大盒玩具无用武之地。若干年后，不知道新生代的孩子们是否还喜欢大富翁。如果可以，我希望和他们好好享受这个游戏，告诉他们，得与失都不过是一场游戏，而真正的大富翁，是有勇气再玩下一局的人。

吃蟹的时候

十月刚到，爸爸已迫不及待张罗蟹源。今年他不吃大闸蟹，改吃稻田蟹，说是肉质更鲜美。我也不懂，跟着吃便是了。

在物资丰富的今日，吃蟹不必急于一时，但对于爸爸而言，吃应季的食物是重大仪式。他爱蟹，却只在十月吃蟹。他吃蟹时分外多话，什么陈年旧事都拿出来讲，也爱抛书包评论蟹粉蟹肉。即使那天的蟹不算肥美，他也会吃个干干净净——但他总是自嘲，广州人吃蟹心急偷懒，大概不及上海人讲究。

如果在我家餐桌上看到一块湿布盖着偌大的盘子，那盘里百分之百是蒸好的蟹，还烫手的。在家吃饭不比在外，不可能吃一只蒸一只，但放凉的蟹难免带腥，所以爸爸总是用热布盖着，吃一只取一只，好好保温。吃蟹寒凉，少不了温热花雕酒。爸爸特意买了一个小热水壶，把整瓶酒放进壶中的热水，调小火一直温着，就放在手边，边吃边喝，人生乐事。他拆蟹动作麻利，又不怕烫，半小时多点便吃下三大只，酒也喝了七八成，只给我留两口。

有时候，爸爸喝多了，拆蟹时心急，一下子便受伤。他是不愿意吃到中途离开饭桌的，所以提早备好毛巾在旁。他说，那点小伤用毛巾一捂便止血，吃完再处理。我屡劝未果，也就不劝了。

吃蟹的步骤烦琐，弟弟宁愿不吃，也不费这种工夫。妈妈体虚，十多年前已加入养生行列，完全不碰虾蟹这种发物。从前湿疹严重的时候，我也戒口多年，近年找到共存之法，偶然放纵一下，爸爸这才有伴。我手笨，拆蟹拆得极慢，爸爸看不下去，常出手相助。我让他别一味帮我，要耐心教我才是，但他动手太快，我眼睛看得来，双手却追不上。一顿饭下来，闹了不少笑话，每年重复取笑，却也不腻。没有新笑话也是好的，也就说明了每年也是如此，平淡踏实地过着。

吃饭未

从六月十九日起，我几乎每天都收到两次妈妈发来的微信讯息：“吃饭未。”这是广东人之间最常见的问候语，也是母亲们最常挂念的事。本来，我每周都会回去两三趟，跟爸爸妈妈吃饭聊天。因为疫情，这短短的二十分钟步行距离犹如相隔一个海峡，我已半个月未见过他们了。小时候厌烦的无聊问题，现在成为降落在柔软心底的一阵暖意。问句好吗太见外，于是维持妈妈喋喋不休的本性，问我吃饭了没有。

妈妈的讯息很准时，都在中午十二点半和晚上七时。我却回复得不太准时，也不太老实。因为生理时钟被焦虑的情绪打乱，黄昏需要补一觉，有时晚上九点多才吃饭。我不敢实说，怕她担忧，只得说自己已经吃过了，雪柜有什么菜就说今晚吃什么菜。随之是数句闲聊，不外乎是水果很贵、大家都没有出门、如果还有年假就干脆不要上班之类。

一直以为，只有妈妈会孜孜不倦地发来问候。谁知八号台风那天，我收到了爸爸的讯息，一次发来六条。第一句仍然是老好的“吃饭未”，接下来开始诉说自己的近况：无门可出闷得发霉，天天在家煲剧，推荐我一起看。他知我最近在读《红楼梦》，居然说那出剧比《红》还要高深。我自然而然地抬杠，他只说等我的观后感。

从前在家里，只有我陪他看各种音乐综艺节目，也只有我陪他有一搭没一搭地讨论电视剧的剧情。这两个星期，他也是很苦闷吧。不喜表露自己的爸爸，也忍不住发讯息给我了。我看着窗外的风雨，不是不知道很多人还是如常串门走动，但我就是想好好防疫。每次看到朋友因与阳性个案有几分钟的共同轨迹便被列为黄码，我都担心自己随时成为传播链的其中一环。只得把一切思念都吞回肚里，若无其事地与父母闲话家常，但愿这一点故作镇定，也可以让他们安心一点。

旧歌更动人

一天办公室某同事无聊，随手播放音乐，八九十年代的粤语流行歌曲徐徐响起，大家都乐了，七嘴八舌讨论起来。好不容易静下心工作，还是隐约听到每个座位上都有自娱自乐的哼唱声。时下的流行歌也不乏动听之选，但旧歌——旧歌是不同的。无论是陈慧琳的温柔、刘德华的潇洒，抑或是 Twins 的活泼，都叫人百听不厌。

有人说，从前的创作人有心思、有才华，所以每首歌朗朗上口，时隔多年仍然记得。我却认为，那是因为从前的年轻听众心无旁骛，日听夜听，而且记性好，渐渐刻入脑中。不少中年人士还是背得出《木兰辞》《将进酒》和《水调歌头》等，除了因为那诗词写得好，也因为我们学背之时不过十多岁，正是记忆力好的时候，所以至今不忘。

彼时年轻有热情，加上科技不发达、零用钱也欠奉，喜欢一首歌，便把歌词抄下来。尚记得案头那台小巧的收音机，本是妈妈买给我录下英语单词和课文，结果我把录音带的甲面用来温习，乙面用来娱乐。通过大气电波，每听到一首爱歌，便立刻按着录音功能，屏息捂嘴等整首歌录完。一天接一天翻听，边听边写，听默出满满一本歌词簿，连间奏出现的读白都写得清清楚楚。若干错别字无可避免，但那诚意无比真心，如此专心且勤功，自然记得每句歌词。

每一个年代都有旧歌，因为我们是这样走过来的。白光沙哑的声音很动人，邓丽君的甜美又何尝不是？彭羚的温婉和王菲的高亢更是另一种感人肺腑。好歌那么多，好声音也那么多，我们在旋律中记取的不只是那些美好的音乐，更是单纯的自己。那时的爱与不爱都那么纯粹无害，有闲情听歌的我们也不过为成绩和暗疮苦恼。蕴含青春的声音在办公室里回荡，日常少不免搬弄是非、钻营倾轧的同事们，也变得和蔼不少。

生活

假期结束，大伙儿又回到办公室工作，准时起床、更衣、赶路，一头扎进各种合理和不合理的业务中纠缠。

那些年末待完成的报告书、新一年的计划书，多得喜庆的节日带来漫长的假期将其压住，满足了拖延症患者的身心需求。坐在桌前一顿猛写，电邮一个一个发出，收到对方的“收悉，谢谢”时，距离死线还有三分钟，心安理得去泡杯热伯爵茶。反正明天又会发回修改，或者要求跟进，或者有新的文件新的死线……新年的喜庆，犹如麦兜口中的那只火鸡，在到来前一刻才是最美妙的，往后只会越来越腻。每年的新年愿望都是平安喜乐，清算时只记得背后插了多少根冷箭、吃了多少闷亏，或是上缴了多少收入给医生和交警。平安吗？喜乐吗？

最后苦笑着举杯：还能活着就很不错。

生活不断重复，如我们不去细数每个日子，有时真感受不到时间的流逝。新年愿望许得太空泛了，自然活得像流水账。试试重新再许，不写在社交网站的帖文里，写在书桌上的待办清单里，例如每天看半小时书，例如每天做半小时运动，调个闹钟，到时到点就要动手。

明天，后天，工作邮箱可能还是堆满各种合理和不合理的诉求，但是，明年今日，你会收获一个比较快乐的自己。如果说，拖着宿醉的放纵，错过了元旦这个好日子，我会说，只要有心，今天便是开展新生的好日子。

生病后记

为了按时食药，只得早睡早起，三餐定时。在早餐桌上，颓然地拿起药丸往嘴里灌，猛然发现身旁的妈妈也做着同样的动作。原来，她已不舒服了好几天，又看了医生吃了好几天的药。而我此时才知道。

父母似乎就是这种生物，天天说着要孩子长大后照顾家人，自己有什么头晕身热、正是需要照顾的时候偏偏不哼一声。如此小心翼翼捧着自己一手一脚生养出来的儿女，连陪诊都不开口，这是一种什么心态、什么感受呢？

趁妈妈低头看电话，悄悄打量她的脸。平日被她一身花枝招展蒙蔽了，没留神她的脸皮渐渐松垮，头发不过染了两个月便又开了朵朵白花，我却沾沾自喜称赞她时髦，说她看起来比实际年龄少了十五岁不止——真是不走心的赞美。

她还不是我的妈妈之前，也曾如此不解而感动地看过她的母亲吗？抑或，在她那个年代，早已比我醒目得多，也比我更关注自己的母亲？若干年后，我或也会为人之母，到了那时，我的孩子，是不是也会像我看我的母亲一样，看着我？

我想起《燕诗》，想起龙应台和她的美君，终于开了口，殷殷问候“我的美君”，她的话匣子这才像开尽了水龙头的自来水一般倾泻而出，没完没了。有没有这个可能，不是她不愿说，是该听的人没有乖乖坐在她面前让她说？我听着，任她天南地北地说，让这顿早餐吃到天长地久。

嗜辣之路

三五知己围坐，少不免话当年。当年我们相识时，我还是一点辣都不吃的人，脆弱的舌头连小泉居的凉拌青瓜都受不了。如今已无辣不欢，吃薯条不要茄酱而醉心辣椒汁。起初，大家以为是环境改变了我。大学曾赴北京学习一年，放眼望去，没有一菜一汤是不辣的，为了吃饱什么都得吃。考虑到燥热上火的问题，我还搭配大瓶啤酒，顺带把酒量也练出来了。每谈及此，不得不慨叹，人类的适应力真是惊人。

事实上，去北京之前，我已开始学习吃辣。那年大一，我作为三五知己中少有的留澳升学者，好不容易才结交到新朋友，她们邀约，我便赴约，即使那是一家酸辣粉店，而我此前从未吃过这种玩意。第一次点单不懂规矩，没有向店家说明辣度，被默认为中辣，被一大碗红彤彤的辣油吓了一跳。后来还是多点一碗清汤，过了水才吃得完。后来，在她们的带领下，我渐渐学会吃辣。彼时还没想到自己会到北京待一年，却已经在不知不觉间做好准备。

我知道，不是所有人都会“被开发”。各人喜好不同，有些人不论如何尝试，都无法喜欢吃辣。而我，我是吃久了便成习惯，对辣上了瘾的那种人。毕业这些年了，我还是嗜辣，除了酸辣粉，家里常备韩式辣鸡面，也喜欢吃重庆辣火锅。据说，辣不是一种味道，而是一种痛感。我想起了过山车之类的游乐设施，高速下落模拟死亡边缘，以此带来刺激。辣，在敏感的舌头上制造痛楚，大概也是相似的逻辑。是以我在心情不佳之际，分外需要吃点辣的，以此释放压抑的内心。

前些日子皮肤问题大爆发，医生用药，且嘱我饮食清淡。嗜辣的我捧着清汤日夜郁闷，不知道人类与生俱来的强大适应力，是否能带领我适应全新的饮食习惯呢？我心痛并努力着。

而立之年

流行小说中，特别是爱情小说，主角通常不超过三十岁。潜移默化下，总觉得人活到这岁数就该收心，达成了某个人生目标，言行成熟稳重，充满智慧，不会整天风花雪月。

当自己也即将踏入而立之年，职场成绩平平，还未想好何时养育后代，遇到不快仍然满腔愤懑、口不择言，闲时满脑子无聊幻想，这才想起：人啊，活到八十也还有情绪与欲望呢！大概是少年时过分单纯，算漏了很多现实，以为长大即可御风而行，实际上全都与年龄无关——家庭事业与个人品行一样，都需要手脚并用地锻炼而成。不锻炼，年岁只是虚长，并没有真正长大。

我锻炼了吗？生病时还是往父母家里跑，生气时继续要丈夫哄，日常仍然意气用事……偏偏心灵还未成熟，肉体已经走下坡，腰酸肩痛四肢乏力，这三十岁还未到已伸长手来折磨我。

然而我再也回不去二十岁，无法从头开始，也无法在迎来三十岁生日的当天一夜长大，成为自己想象中的样子。幸运的是，近三十年来的努力让我至少意识到，大可以试着在现在开始锻炼：把吃火锅的钱拿来买运动器材，好让看电视时也为自己的健康做贡献；遇上任何不快之事，立刻灌一瓶清水，上一趟厕所，冷静了才说话；想见朋友就去约，想丈夫相伴就提出，想别人对自己好就先主动向对方示好，别叫人猜；工作能做就做，不能做就找人帮忙，求救本来就是一种能力，解决了问题的猫就是好猫，干着急则不然。如此这般，起码我在四十岁时，不再活得像二十多岁那般莽撞。

三十而立，是独立的立，或许也可以是立定志向的立。由此开始，为时未晚，我的而立之年，正要开始。

月亮代表谁的心

前些日子参加了朋友的生日派对，她是白人，约三十位在场的朋友中，仅五人讲广东话，围坐在西式长餐桌前吃墨西哥菜。夹杂着葡语、法语、西班牙语及墨西哥语口音的英语充斥全场，我顿感格格不入，一口气喝下两杯红酒仍然难以放松。

直至朋友决定更换餐厅的背景音乐。

没想到的是，她选择了邓丽君的《月亮代表我的心》。更没想到的是，全场都会唱这首歌。大家随着音乐轻轻地摇头晃脑，从第一句唱到最后一句，十多种奇异口音和唱下，这首歌不损动人本色。我不知自己是酒精上头了，或是被这种氛围震慑到了，胸腔突然感到鼓鼓的一团，直涌得我鼻酸。我想起亦舒笔下的八十年代留学生故事：小酒馆里来自五湖四海的学生喝酒跳舞调笑，肆意浪掷青春，其中一名爱静的华人学生喝了半杯啤酒便想回宿舍，同学们起哄让她唱一首歌才准走，她扯着走调的嗓子唱出邓丽君的歌曲。小个子的她不知是思乡或忆人，台下的同学亦不懂中文，却都被这首歌深深感动。一直以为这是小说里的浮夸情节，那些今朝有酒今朝醉的作乐一族怎么会欣赏“轻轻的一个吻 已经打动我的心”？事实摆在眼前，那些外籍友人甚至看不懂荧幕上的中文歌词，却对那句“你问我爱你有多深 我爱你有几分”朗朗上口。亦舒说的都是真的，全球华人都听过邓丽君。席间终于热闹起来，短短一首歌拉近了每一个人之间的距离，我窥见窗外的圆月，它拨开了云雾让我放宽心，好好享受这个悠闲的晚上。

派对结束后不过几天，珠海和中山便爆发疫情了。人心再度惶惶，我重新进入除上班外足不出户的生活节奏。而伴着我的，除了一柜子亦舒小说，还有邓丽君温婉柔美的歌声，不知又将勾起心底几许思忆。

汤圆

各款中式传统节日甜点中，年糕和月饼为我所喜，但都不及汤圆：捧着一碗热腾腾的姜汁糖水，一颗颗雪白汤圆入口满满的香甜软糯，吃毕浑身都暖起来，在冬日里分外窝心。前段日子没怎么下厨，干脆趁冬至做一盘汤圆，好让丈夫和父母们知道，我还是有点基本技能的。

要么不做，要做就做全套，精心挑选我最爱吃的黑芝麻汤圆下手。食谱如是说：到超市去买一包黑芝麻，清洗后炒熟，磨碎后拌入砂糖和牛油，另一边厢混合糯米粉和清水，揉成粉团，包裹芝麻馅料，下锅一煮便大功告成。材料简单易买，制作过程也不复杂，我信心满满地扮演着家庭煮妇的角色。

说得倒是轻松，动手才发现每个环节都伤我脑筋。芝麻极轻，倒入水中不少都浮在面上，伸手淘洗反而沾得满手都是，以滤网捞起芝麻，总有一小部分被浪费，苦干数回后决定不再执着，也不浪费纸巾吸水了，略略风干便倒进平底镬中炒熟。炒芝麻的过程很疗愈，看着一颗一颗小东西从湿到干，渐渐漫出香气，成就感自动萌芽——这还是高兴得太早。炒熟了的芝麻会在镬里跳动，但肯定不是所有芝麻在同一时间熟透，所以有些芝麻还在镬内感受高温，有些已经兴奋得跳出镬外，捡也捡不完，只能留在结束时再打扫。终于进入磨碎的程序，却猛然发现，轻飘飘的芝麻被磨刀卷到瓶壁上，打开一看，只磨碎一半，另一半还是完好无缺，只得进入磨碎、搅拌、磨碎、搅拌的无限循环之中。芝麻粉磨成后，拌入砂糖和融化了的牛油已是易事。

这时丈夫进来，见我手上的糯米粉团初见雏形，可惜分量略少，他便毅然接力。小厨房挤进两个人，空间明显不足，加上满桌都是各种器具和食材，每一个转身都需要小心翼翼。然而，有一搭没一搭地聊着天，比独自苦干要欢乐得多了。我们并没有像电影情节那般互丢糯米粉，在下雪似的场景里打情骂俏，现实生活里的情趣不是那些唯美（却需要奢侈的人力物力去收拾清洁）的画面，反而是普通的系围裙、捋衣袖，聊聊柴米油盐等。两个人合作的进度显然快得多，待我进入包馅料的环节，他已经眼明手快地削姜煲水溶糖，等我的汤圆下锅。

自家制汤圆总是大小不一，但我这批汤圆连表面上也是坑坑洼洼的，咬开来非但不流心，入口还能吃到芝麻颗粒，我忍不住用门牙泄恨般咬碎那些小小的芝麻粒。而且，说好由我下厨，后来也变成二人合力完成，好像没有实践本来的承诺，心底暗自气馁。

事实上，这不是我第一次做汤圆。相比起其他小食，汤圆绝对易做。不同的是，这是第一次从头到尾都由我亲手所做。往日都由母亲买来混好的麻蓉馅料，再由父亲揉好糯米粉团，我只需要负责包和煮。买来的馅料质感上佳，粉团柔软有韧性，包起来得心应手，半小时不到便已经收拾妥当，可以开餐。一直以来的经验太写意，是以，我轻视了。

在流水式作业下学习包汤圆的我，也曾尝试加入其他小食的制作活动，包饺子、包粽子，都因为手笨拖慢进度，演变成分工进行。再大一点，功课忙起来，我也不再干这些活了，只懂得默默地吃。悠闲享受少不免失去一些家庭乐趣，这些年的回忆里，大多是母亲独自挥汗的背影。厨房狭小，她又不愿挪到饭厅去“打扰”我们，久而久之大家也就习惯了。当然，我们也会问她是否需要帮忙，但每回都问得漫不经心、毫无诚意。毕竟，母亲恒常地回答那句话：“别过来搅搅震，出厅看书去，做好再叫你吃。”顿时感到好意被强行扭曲，彼时性情冲动，少不免赌气，转身便走，吃的时候也不知感恩，只觉得自己受了委屈。年复一年下来，我进厨房的次数越来越少。

汤圆吃罢，我颓然地清理厨房，丈夫义不容辞加入工作，同时跟我说起他儿时的事。他说，包汤圆是他小时候的玩意之一。彼时物质短缺，父母双职，过节时一家人围在餐桌前包汤圆，是他们仅有的亲子时光。他们从不追求汤圆表面是否圆润，也不需要赶进度追效率，反而，年少的他爱捣蛋，花足一整个下午的时间，把汤圆包成各种怪兽形状，煮好后又遵循“责任承包制”，吃掉一只又一只怪兽汤圆，一家人笑得不亦乐乎。我幻想，那些怪兽在他的胃里交手十大回合，胜出的成为脂肪，输掉的惨被排泄，也不禁偷笑起来。

“所以，刚刚能够进厨房和你一起下厨，其实我觉得很欢乐。”他把我手上的锅子接过，继续清洗。相比起坐在饭桌前等我服侍，他更喜欢我们合力做好这盘汤圆。我突然回想，说不定当年的母亲在使小性子，说不就是要，其实她也很渴望我们挤到她身边去“搅搅震”，或者至少称赞她努力的成果，只是我们没有听懂背后的意思。

那天我把自己亲手包好的汤圆带回家去，母亲一边听我细说“研磨芝麻历险记”，一边说我自讨苦吃，让我别再找这种麻烦事来做。我邀请她尝一尝，给点评语，父亲才说：“她不吃糯米。”若干年前，母亲的肠胃消化能力欠佳，早已戒吃糯米至今。看到她默然回避我的眼神里闪着一丝无奈，我才发现自己当年除了没有听懂她的话，也没有仔细看清楚她。这一回，我学会不再赌气、亦不委屈，若无其事地吃完这顿冬至饭。回去的路上，我想，如今开始学做一款不含糯米、容易消化的小食，是否还来得及呢？

书的故事

书柜深处有一本《流浪的旋转木偶》，不是我买的，却在我手上十多年了。悦书房还在的时候，我常和朋友一人买一本，然后交换着看，相当于付一本的钱看两本书。不过她常搬家，所以我买的、她买的，后来都放在我这里了。

家庭破碎的孩子缺爱，过分向往他人的爱护反而让女主角阿汐披上自私的盔甲。她复制恋人的不忠，在国度间流浪，在数之不尽的一夜情中感受浓烈而新鲜的爱意，终于停在这个使她开始流浪的男人和那个使她再也不想流浪的男人中间，怀着孩子，做出决定。

开放式关系不可耻，但这种关系和家庭二字还是矛盾的吧。

没想到，从前在我眼中算得上浪漫的情节，今日我已看不下去了。艾力逊说，人生成长有八个阶段，各有不同的成长任务，我听着颇像电子游戏闯关。少年时无法在自我认同和身份确立中找到平衡，长大后也无力建立健康的亲密关系。阿汐找不到自己，也找不到爱，从父母身上继承以来的伤害，在阿熙的激化下，又蔓延到阿杰身上去。少年时觉得故事凄凉而唯美，长大后觉得这分明是家庭悲剧。阿汐肚里的孩子，将来是不是也会延续这种恶性循环？

常说现实生活比虚构故事要荒诞得多，我手上这本小说的原主，竟活得越来越像书里的主角。流浪不过是逃避的一丝披肩，逃避自己向往爱而不愿负责，向往自由却无意展翅。作者可以赐予书中的女主角拍照的技能和写旅记的才华，现实世界里残酷的人生又有谁能代为承担书写的角色？

流浪的人儿早已搬家四五回，把这本书忘在脑后了。只有我，巴巴地守着这一柜子旧书，暗自神伤。每本书里都写着一个故事，每本书的来来往往又载着另一个故事，谁都是读者，谁也都是书中人。

泡茶

比起咖啡，更喜欢喝茶。若真要追溯出原因，大概是这些年来看爸爸泡茶，耳濡目染的。

家里有两套紫砂茶壶，一套珍藏，一套日常使用，烧好滚水烫杯洗茶，倒得一干二净后，这才注水入壶，真正开始泡茶。爸爸贪喝，不愿用小巧的茶杯，泡好的茶一杯接一接倒进大水杯里，倒满一杯才停手，大口大口地喝个痛快。但他却不是完全不讲究的人，茶叶泡了三回，即使余韵犹在，他也会毫不犹豫地丢掉，仪式感不是不大的。说起来，使用一整套完整茶具泡茶，而不是丢茶包进热水便算，已经很有仪式感了。农历新年那会儿，原地过年，连家门都不怎么出，天天在家泡茶。去年也如是，那会儿偷偷用爸爸的紫砂茶具，小心翼翼地摆弄，泡好一杯茶已浑身是汗，但也轻易地过去了半小时。再开一包瓜子，或是煎两块年糕配茶，整个下午时光转瞬即逝，可舒坦了。

除了爸爸，还有汴京茶道馆。

渡船街还有汴京时，我常常去，几乎把所有茶品都尝遍。这是日本茶道，跟爸爸那种摆弄又不一样，是另一种仪式感。我喜欢坐在那个安静小空间里闲聊，更喜欢看茶道师娓娓道来，然后啜饮那一口回甘。汴京逐渐离开澳门的过程，刚好和我成长的时间线重合，我也逐渐离开休闲两个字，天天忙得焦头烂额。回过神来，汴京已经没有了，连茶寮都没有了。

今年我已搬出来，没跟爸爸一起住，没有紫砂壶，只能将就着用普通马克杯来泡，像茶楼那般丢茶叶进热水，稍等一下便闻到茶香。那杯茶翻水再翻水，伴着某份文件或某份简报，只余解渴的作用。虽然也是整个下午捧着茶杯，但仪式感早已荡然无存，食不知味，连铁观音和普洱都分不出来。我这才知道，茶叶虽然重要，但缺乏了休闲的心，也就丧失了感受茶香的味蕾了。

我终于成为了你

年少时其中一件讨厌的事，便是陪妈妈去逛街。妈妈在农村长大，深知金钱得来不易，不论买什么，必须讲价，别人不减一回事，她必行使争取的权利。到了超市这类不能讲价的地方，她便算尽所有优惠价，宁愿分开三家店入货，也不要多花两块钱。这样的采购习惯需要极大的时间成本，无甚耐性的我对此深恶痛绝。

不说也想不起来，曾经我是这样的人。

新婚两个月，听到最多的问题便是“婚姻生活”如何。为了不影响聚会气氛，我通常只以“不断做家务”来轻轻带过。事实上，我也开始不自觉地记牢了超市的特价日，买电器时不但讲价，还理直气壮地问对方“有没有东西送”。有一回，我还请店员替我拆单结算，就是为了把电子支付程式里的几个优惠红包都用上。时间精力都花在这些事情上后，我很少能够深宵捧着酒杯写些悲春伤秋的小故事了，一篇散文写了一个月也写不完，因为每天都在算自己要如何节省水费电费伙食费，提醒枕边人洗澡起床刷碗碟。现在的沉思时间只能在大清早，偷得十分钟，在做早餐时那一点点等水烧开的时间，呆呆望向窗边——这是我吗？这是我妈！我终于还是成为了我曾经不喜欢的样子。虽然有点质疑，却还是甘心地苦干着。“揾食艰难”这四个字，必须到这个时候才有点体会。

讲价需要极厚的脸皮，不比我在办公室受上司的脾气轻松；算优惠需要“数口精”，不比我在工作时左计右计容易；特价日需要强劲记忆力，还有各种采购组合，与夫家长辈相处之道，在另一半面前如何能屈能伸……原来长大，是坦然地接受且成为我本人曾经看不起的样子。

最近很努力找时间陪妈妈逛街。享受着有人比我更积极、更有效地讲价的一分一秒，不知道妈妈是否也是这样在外婆的臂弯中走成今日呢？

我是这样开始写作的

每周写稿时，都感恩于自己喜欢写作而且能够有这片小天地持续写作。但我知道，这件喜欢做的事，并不是由一开始就找到小天地的。

升上中学之后，家里不让我在寒暑二假的日子外有任何娱乐，我只得看课外书。阅读使然，我对写作有点期待，然而，当时的中文老师每回都评分偏低，毫无评语。我试着投稿，也没有回音。我表面不屑，心底却怀疑，是不是我的文章太平庸呢？一时的期待燃尽，我便继续视写作为一门难获高分的科目。

初三是很多学生的人生转折点，于我亦然。初三的中文老师，是一个很认真批改学生文章的老师。她给了我多次高分，写下许多评语，鼓励我投稿。那一年，我过得颇不愉快，学习成绩很差，几乎不想上学。但是，每回收到作文簿，都给我打了一支强心针。我开始尝试将自己在课外书上读到的词句，或是引发出来的思考，写到文章里去。我对写作渐渐有了想法、有了热情。到了高一，在这位中文老师的教导下，我获得了学校的写作优良奖。虽然文笔还是稚嫩，但从那时起，写作不只是一门科目，而是我的兴趣。投稿的习惯也自此萌芽。

刚过去的周末，这位在安好还不是安好之前，已经埋下种子、施予养分的老师，获颁教青局的“卓越表现教师”。她的卓越，不在于她如何培养我，而是她用同样的方法培养了许多许多学生。我不属优秀的一位，却是受益的一员，我想借此在这个小树洞里大声宣布，在这位老师得到“卓越”奖项之前，她在我心目中早已是超然卓越。

在写作的路上，我幸运地遇上了许多人、许多事，每次都给我机会，让我长出一枝一叶，搭建出这一个小树洞。或许老师不知道，或许沿路帮助我的人没发现，但我将用一生记住，我是这样开始写作的。

逃跑与求救

犹记得高三那年，好几回上数学课，我都盯着教室门看，满脑子只有两个字：想逃。老师说的极限与坐标，我通通无法入脑，越集中精神去听去写，握笔的手越是颤抖，迫不及待出卖我内心的焦虑和恐惧。

因为害怕被处分、被取笑，我忍住了逃跑的冲动，强迫自己坐足全程。下课铃响起那刻，我已伏在书桌上哭得死去活来。同学们都心知肚明，却各有自己忙碌的东西，谁也没空多搭理半句话。后来是怎么止住哭的，怎么都想不起来，只记得那之后是我人生中脸皮最厚的几个月，天天拉着不相熟但数学好的同学，求他们一遍又一遍解题给我听。每一次，我话音未落便已红了耳朵、后背爬满冷汗，忍受着同学们的白眼，真有点“不耻下问”的样子。说实在的，那会儿一道代数题要听五六遍才有一点概念，连我都看不起这个愚笨的自己。但是，凭着脸皮够厚、做题够狠，我终于顺利毕业了。

也不知道是因为人长大了，还是因为互联网普及了，更多还是彩数，之后面对的难关好像没那么难。虽然也有压力大得叫人头疼的时候，但我已经很少遇到那种满脑子都是逃跑的焦虑感。所以，知道某个她真的鼓起最后一股勇气自生活中逃跑后，我很是震撼。无数个夜里，我不得不感恩当初那个厚着脸皮找同学们求救的自己，然后又感慨于，如果她也能够勇于求救，结局是不是可以重写。

面对生活、面对工作，谁也不能躲开压力。有些压力是动力，人的潜能会从中被激发，有些压力是压垮骆驼的最后一根稻草，人的情绪从此被击溃。有些难关可能换个环境便不复存在，有些可能无论如何都躲不过，当逃跑只能通向绝路的时候，想向每一个排在她后面、准备逃跑的人说："求救吧，不可耻且有用。"我们在这岸伸出手，请你不要放弃，跟上来吧。

一人一个吹风机

一家四口、两男两女，到底需要多少个吹风机呢？倘若由我来持家，两个足矣，顶多三个，再多便显得多余了。但我家就是如此多余，共有四个，一人一个。

本来是父母共用一个，我和弟弟各用一个，三个已经很是足够。有一回我的吹风机坏了，买了新的回来用，是一款风力较强的大吹风机，方便我这个长发人士。岂料弟弟喜新厌旧，某个晚上偷龙转凤，悄悄把我买的吹风机据为己有。边写也边偷笑，这是什么鸡毛蒜皮的小事，要么干脆交换用，要么让他把吹风机换回来，事情多容易解决。偏偏那天不知怎的，我动了真气，换回来也不接受，非得要弟弟道歉。结果，由妈妈斥资买个一模一样的大吹风机由我姐弟俩一人一个，弟弟的吹风机则由爸爸接收使用，让这件无聊小事不得不落幕。奢华的吹风机分配制度就此降临我家。

偶然吹头时，都忍不住想起这件小事，有时还和弟弟一起取笑当时的“小事化大”。兄弟姐妹之间好像总会竞争家里大小物件的拥有权，每个家庭也无可避免地因为这些烟火气里的小争执而诞生了各种多余物资。如今我们都已经离开了抢来抢去的年龄阶段，但看着完好无缺的吹风机，也找不到断舍离的理由。会不会是潜意识里想记住那些一去不复返的幼稚故事呢？我也不敢断言。

最近正思量在年底搬家的可能性，妈妈便已迫不及待地喋喋不休，家里多了两个镬、两套被单、好几个素色瓷碟、一大把筷子，全都叫我带到新家去。我看着案头上的吹风机，大概也是会带走的。在原生家庭里恋恋不舍的旧物，将会一件一件跟着我走到新生家庭去。

这也成为了两个家庭之间最具象、最亲密的联系。虽然这让我失去了为新家购置新东西的机会，我却仍是忍不住觉得，当初这吹风机买得真好。

秋千

跟许多孩子一样，第一次荡秋千时，还没学会走路。小时候的秋千没有现在那么安全，小裤衩似的包住整个孩子的下裆，仅是一块厚实点的木板，或是铁皮，大不了围几支细铁枝，稍一不慎，很容易掉下来。摇头晃脑坐在秋千上，人还未稳，小手自出娘胎就有求生的本能，紧紧抓着铁链子，还没开始好奇，便已隐隐欲哭。外婆温柔，轻力摇晃秋千，像摇晃家里的婴儿床那般。本来还皱着眉头、一脸紧张的我，不久便扬起笑脸来了。后来坐得稳了，便越荡越高，笑声中夹杂着兴奋的呼声。

半岁时发生的事情，自然没有一点印象，都是靠发黄的旧照片组织起来的回忆。但我知道，从那时起，小小游乐场里最吸引我的，便是秋千。直至后来读幼稚园、上小学，虽然也会和朋友们结伴溜滑梯坐摇摇板，但始终跑到秋千去荡上几回，才愿意离开。小学五年级时已经发现，游乐场里游具那么多，都是让孩子氹氹转跑来跑去的，而适合边聊天边玩的，只有秋千。发现这件事情的过程是这样的，那天段考结束，跟最要好的朋友到校园一角的游乐区。眼看到的所有玩物，都没有冲动登上一步，只垂着头坐到秋千上，靠着刘海挡住眼睛，静静地倾诉，外婆的一去不复返。穿着白长袜黑皮鞋的小脚丫轻轻往地面施力，秋千连人晃动起来，不论是哪个力度哪种角度，都模仿不了婴儿床一般的温柔。朋友想陪着我，和我算好了拍子一起荡起秋千，但是，过不了三五个来回，两架秋千总会错开。我们俩试了一次、两次、三次……到后面，我没有数了，一直试都无法同步。我们只能短暂地擦身而过，然后一直看着对方的背影。从收到外婆去世的消息到这一刻开始，十多个小时过去了，直至这个时候，才哭出来。

打那时起，荡秋千除了用来耍乐，我还会找个时间特意静静去荡上一回。即使没有人可以和我一起去，但感受微风拂来，我会想象这是外婆捎来的一声问候。

这也是好的。

不是每回荡秋千都这般柔柔的。

总在某个时候，顽皮因子会苏醒，人便跑到秋千板上站起来荡。我也试过，就那么一次。那时候已经上初中了，有玩的心，没有玩的胆，双腿颤抖着勉强站起来，朋友在后面不过轻轻推了两下，已吓出一身冷汗，连滚带爬坐下来。也不知道这是自己天性怯懦，抑或是人长大了，怕摔怕痛，不像六七岁时天不怕地不怕，什么都试。

也会在某些时候，一步一步蹬到最尽头，奋力一伸脚，让自己荡到半空中。荡得越高，速度越快，心跳立马便快起来。树啊花啊，全都变成电光幻影，登时炫目起来。高速的快感让人兴奋得停不下来，不得不刹下来的时候，微微的晕眩荡漾着，脸上红绯绯的，人能乐老半天。那时候不认识，后来发现，这和别人形容的微醺状态有点相像。有一段日子，心情不太好，常常这样疯荡。同行的朋友们也疯荡，但他们没一会儿就晕完了，我却晕了好几天。检查出来，是偏头痛，晕车晕船都是那样晕的，没办法。那会儿，看到秋千都不敢坐上去，脚踏实地过了好几年。其实只要不疯荡，轻轻晃着，晕眩感很快就散的，偶尔玩一玩不碍事。只是，一个大学生，又上学又上班，没有什么机会跑到小游乐场去。即便真的去了，也都是一堆孩子排满了队，不好意思跟着去，这才退了秋千的瘾了。

说起来，好久没有荡过秋千了。如今好些秋千的设计都考虑到安全，包得严严实实，孩子长得块头稍为大一点，都塞不进去，更别说一个成年人了。不过，很偶然，还是能够看到小坐板式的秋千。人大到一定的程度，会得返老还童，偷偷玩些儿时玩意儿。所以看到心爱的秋千旁边没人，我便忍不住跑上前去，轻轻荡着。好像只要坐在秋千上，我那眉头便能舒展成一脸笑颜，把我的问候随着微风，送到外婆那里去。

他终究没有为我戒烟

每次他来接我下班，我都能嗅到他身上的烟草味。没有电影里形容的魅力，只有刺鼻与呛喉的感觉冲击着我。因为太习惯了，我通常会强装作没事发生，当然，如果气味实在太浓烈的话，那声咳嗽总会冲口而出。

他每次都以沉默应对。

他是我爸，我出生前他已经有吸烟的习惯。我弟出生后，妈劝他戒烟，如今我弟都出来工作两年多了，家里仍然看到烟盒，源源不绝的烟盒。

我弟八岁那年，曾经悄悄把柜子里的烟全部丢掉。过了不到两天，我爸发现，狠狠打了他一顿，仍然没有戒烟。他自豪地说，他虽然抽烟，却从不在家抽烟，所以我们不能管他。他说这句话的时候，没想过自己会有破戒的一天，这是后话。

到了小学六年级，我开始对烟感到好奇。好几个同学的爸爸妈妈都有吸烟的习惯，我们聚在一起会讨论不同香烟的气味，红双喜、万宝路是我仅仅记得的品牌。那时听说有薄荷味的香烟，回家我还问他，为什么不抽薄荷味的，闻起来我或会舒服一些（至少我很喜欢薄荷味的纸巾）。他说："薄荷味是女人烟。"烟也有分男女吗？我想不通，但他没有解释，我也不敢问下去。我渐渐感受到，他的吸烟习惯，已是神圣不可侵犯。

十六岁那年，我开始了每天凌晨五点起床温习的习惯。阳台外常常传来鸟叫声，带着回音的，引诱我放下书本走出去张望。偶然到厨房倒杯水的时候，我会绕到阳台去坐一会儿。爸的烟包也在阳台，大剌剌地放在桌面，丝毫不担心家里两个不懂事的青少年会分一杯羹。手上的热水冒出蒸气，模糊了眼前，烟包上的禁烟广告不清不楚，脑中闪现的是一个大大的问号：为什么爸爸这么多年都不戒烟？这包烟的魅力是什么？我想知道，于是我伸手去把烟包拿过来，打开，拿出一根香烟，以及放在里面的打火机。天色还是灰蓝的，灰比蓝多，使摇曳的火光更刺眼，突然听到妈妈起床上厕所的声音。我手一抖所有东西都跌落到地面，其实声音很小，比我的心跳声还小，但我吓了一大跳，好不容易才喘过气把东西放回原位。

以前，他的烟都会收在西装外套内格，或是鞋房那个杂物柜的最深处。这一年，他的烟都在阳台，因为他不需要穿西装外套，也不需要在鞋房准备出门——他失业了。阳台是他避开我和弟弟的地方，他无力出门，只得用抽烟去打发不知道起床是为了什么的时间。连撑饭盖地说自己即使在家抽烟也是把自己锁在阳台都没有，而我和弟弟，也没有，或者该说不敢，去挑战他的自打嘴巴。

只有一年而已，之后他便找到了新的工作。新工作不再需要西装外套，之后，也只有我和弟的大学毕业典礼，他穿过两次西装，如此而已。那一年之后，他也没再在家里抽烟，只在外面过足了瘾。弟弟已经不在乎了，他没再丢烟包，也没有去说什么话。

反倒是我，我当起了学校里的无烟大使，到处筹备和参加无烟活动，穿着印有“吸烟危害健康”字样的主题上衣，在爸面前走来走去。我常有意无意在他面前跟妈妈说，某某同学也是无烟大使，她的爸爸妈妈都为她戒了烟。

但爸不管，还是没有戒烟。他没有解释，我没有追问。

不久，我成年了，面对毕业考、升大学、打工挣零用，我满脑子都是外头精彩的世界，很快便没再把他吸不吸烟的事放在心上。这么多年，我已麻木。这种麻木延续到我出来工作，活到要出席同辈的婚宴的年纪。

好些朋友进度神速，很快便辈分荣升，当了父母。其中一个，很喜欢和朋友聚会，或喝茶或饮酒或逛街或看戏，就是不愿意待在家里。她不是不爱孩子，也不是不愿意照顾孩子，只是她没有把每一天的分分秒秒都进贡给孩子，把自己的生活公平地分配。她说，她当了妈妈，但她还是她自己，她要继续过自己的生活。

我开始为自己的将来思考这件事：当了妈妈之后，我还可以当自己吗？在家还能刷我爱看的剧吗？出门可以想几点回家就几点回家吗？周末可以用来和自己单独相处吗？我还有那么多想做的事情，有时间去做吗？我去问我妈，问她有什么梦想。她说希望我和弟弟健康快乐。不不不，我说她自己的梦想。她思索良久，无法回答。

我想起了我爸，想起他顶着啤酒肚坐在阳台的酸枝木椅上呼出烟圈的身影，想起若干年前他每个周末牵着我和弟去逛新八佰伴，想起他工作了十多个小时仍半夜教我执毛笔的姿势，想起他帮我瞒着妈妈签了不及格的数学测验卷，想起他为我亲手修理家具，想起我看电视时随口说的“看起来好好吃”的每一道菜都能在翌日成为饭桌上的美味……他终究没有为我戒烟，但是，他爱我。我竟然到这个时候，才发现这件事。

吸烟肯定不是什么值得鼓励应当纵容的事，坐在爸的电单车后座，他的烟草味狠狠刺激我的嗅觉与气管。但我没有开口，没有要求他戒烟。我终于从麻木，变成了体谅——如果这是他做了会高兴的事、能纾压的事，我何必阻止他呢？他是我爸，但他也是他自己，不需要因为我的不喜欢，便彻底放弃他本来习以为常、爱惜如命的事与物。

夜里的风比较猛烈、比较清凉，把他身上的烟味吹散，渐渐，他身上的味道已不足以引发我的咳嗽。我偷偷盯着他的后脑勺，感恩他不是一个为了子女一声哭闹便改变自己的人，感恩他始终有自己的人生和主张。

最闷的暑假

没有过暑假已经很多年了，打工人自然天天如常上班，高中乃至大学时也习惯暑假参加校队训练和比赛，初中爱约三五知己往图书馆跑（当然也会逛街吃雪糕），小学则是被暑期班填满了。认真回想，上一次无所事事过暑假，已是十岁那年。

那年外婆病得严重，天天卧床，父母都需要上班，没有人接送我和弟弟出去玩耍或是参加暑期班，只得待在家中发呆。窗外阳光明媚，像上星期那般万里无云，叫人坐在室内也能晒得满脸通红。因为外婆不能吹冷风，客厅一直没有安装空调，我和弟弟只得穿着背心短裤、坐在竹席上，一边摇着外婆的蒲扇，一边对着不停转动的风扇呜呜地叫。那傻乎乎的叫声盖过外面欢快的鸟啼，对抗了自由飞翔对我们的诱惑。

彼时治安好，街上车辆少，十岁的孩子自己在家附近走走还是安全的。然而，总不能把弟弟丢在家吧？带着弟弟，那就把外婆丢在家了。莫名的罪恶感让我选择继续躺在竹席上发呆。

在那闷得难以言喻的两个月里，我们拿着蒲扇演济公，也一根一根地数着竹席上有多少条竹篾。每到中午两时半，我们会奔到厨房去打开冰箱，捧出妈妈提早切好的西瓜，或者哈密瓜、木瓜、菠萝……

我依稀记得，那年暑假过得很漫长，但现在回想，也不过是一闪而过的片段。那年暑假过去后，我和弟弟如常生活着。唯一不同的是，外婆搬到珠海的疗养院去，我们每隔一段时间便去看望她。十一岁的暑假还没来，外婆就先离开了。那把蒲扇，那张竹席，也随着外婆不在，通通不知去向。

从此，我和弟弟在妈妈眼中成为能够独自出门的大孩子，可以自己去上暑期班。我们也再没经历过足不出户、无所事事的暑假了。直至现在，天天坐在沙发上眺望远方，像重温那段遥远的时光。

永恒的母亲

每回生病，昏沉痛苦之际总是分外感恩，父母的照顾总是无微不至，推也推不掉。上周确诊新冠，丈夫放假在家照顾我，但母亲却坚持每天送来新鲜饭菜。我不忍她寒风中来来往往，好说歹说也劝不走。偏偏生病的是我，辞不掉这个被照顾的弱者角色，也狠不下心去拒绝母亲的好意。

不止一次发现，传统的中国式母亲必须用这种牺牲来证明自己的爱与关怀。平日没有大事时，倒也还有商量的余地，遇上生病受伤等，那个照料者的角色非母亲莫属。除非她已爱莫能助，否则她会耗尽最后一丝心力，证明自己能够照顾好自己的孩子。

我想起那出电影《妈妈！》，光是预告片已是太催泪，还未能鼓起勇气去看。电影中，八十五岁的母亲和六十五岁的女儿相依为命，本由女儿照顾母亲，但年纪渐长的女儿患上阿尔茨海默病，自理能力退化，只得由满头白发的母亲打起精神照顾女儿。“养儿一百岁，长忧九十九”的俗谚在这样的剧情设置中展露无遗。

无论和母亲的价值观多么不一样，无论如何不愿意母亲用母爱捆绑自己、牺牲自己，在生病的关头，无可否认母亲是那道最坚实、最牢固的力量。她也害怕染上新冠肺炎，她也会疲倦受伤，她也年纪渐长、体力渐弱——她也不过是个人。可是她还是站在了孩子前面，当她永恒的、母亲的角色。

如果她说累了

在朋友群中出名倔强好胜的好友发来一句：“我真的好累。”我没有回复，还没有想到怎么回复，然后就看到陈文茜的脸书更新。

大意是，她又生病了，两种疾病混在一起，而她已笃定地安排好工作，边痛边穿起招牌披风，打起精神去面对手术。我本想转发给那位活得好累的朋友，最终还是没有。

疲累的人那么多，有的想撑，有的不想，何必一定要发那些激励人心的话呢？如果她真的累了，让她松开吧，不撑就不撑，好死也不要赖活着。虽然，她大概还是会强行撑下去——谁叫她就是那么倔强好胜呢？

人的心思太复杂了，我们的想与不想，爱与不爱，累与不累，从来都没有一个绝对。我们越想得到某件事，越要付出巨大的成本，越是挣扎这样的付出是否划得来，然后摇摆不定，或者自泼冷水。即使计算前后做的决定没有分别，但这个令人苦恼的计算过程，还是跳不走的——人啊，又复杂又矛盾。

一个累字，引起浮想联翩。我最终只回给她三个拥抱的表情符号，相识多年的她能够解读出这是无论如何都会支持她的意思。她累了，我作为旁人其实也帮不了她，但我有肩膊，我有耳朵，我能够伴她一场发泄，给她一句好说话。这或许已经是最大程度的支持了。

亲爱的，累就累吧，人类总会累的。我帮不了你，但我会在你身边，而这也是你需要我的地方吧。

中奖的奇迹

几天前，我在常玩的手机游戏里中奖了，一个众玩家虎视眈眈的全年大奖。朋友粗略估算，如果按正常课金程序购买，奖项内容约值澳门币二千元。我进入游戏登记领奖，发现好友申请、私信，以及游戏里的各大聊天群组都洗版式张贴我的得奖消息——原来，官方将我的玩家名称和头像挂在抽奖页面里，每一个玩家都可以看到。

陌生玩家们热切关心我的真实身份，问我最近做了什么事情，得来如此的好运气。我不知道，如果我说，过去一个月，除了做核酸之外，我没有出过门，天天只在客厅和睡房两点一线，每天只花半小时玩游戏，他们会是什么反应。

一直以来，我都认为人的运气有所定数。没有人在每件事上都是鸿运当头的，这件事运气满分，那件事便会一无所得。因此，从来没有抽中大奖的我，心甘情愿地过得平凡而平静。而这次中奖奇迹发生后，我开始疑神疑鬼，包括分外担心自己的核酸检测结果。

有惊无险地等到澳门迎来“稳定期”的第一天，游戏里有一个陌生玩家这样跟我说：从前没有中奖，这次开始中，那就是开运了，今后的日子都会一帆风顺。这一次，或许可以相信一下，过去的日子让它过去，未来会有即将到来的好运气。

一年容易又中秋

生活由“相对静止”走向“巩固”，时间却不管这种变化，仍然按它本来的步伐一天一天走着——如果不是看到网上的月饼广告越来越多，我都没有留意到这件事。

中秋是传统大节之一，每年都会掀起月饼热潮，这家盒子漂亮，那家味道独特，亲友间争相采购送礼，个个都成为月饼品评专家。成家之后，我也开始加入月饼采购的团队，去年叫我最苦恼的是寻找一款无蛋黄的陈皮红豆沙月饼给妈妈拜神之用。

起初只知道要买陈皮红豆沙月饼，却不知道还分“有蛋黄”和“无蛋黄”。因为没有经验，好不容易找到这款不怎么卖广告的传统口味，付款前一刻才发现眼前这款是有蛋黄的，不算斋，不能用来拜神，又得从头再找。终于完成任务的那一刻，我还自信地对自己说，明年定然能够一击即中了。

如今，那个“明年”来了，我却还未敢问妈妈，今年是否还要同款月饼。先甭谈买不买得到月饼（那家小店还在吗？），月饼送上门了，人却不能回家聚餐，还过什么中秋呢？

日子本就无声无息地过去，居家抗疫的这些天里，更是让人过得手足无措。小暑来了，做核酸；大暑来了，也还在做核酸。无论如何努力去充实时光，失去了的日常还是追不回来。希望中秋可以和家人一起吃月饼，从以前的小确幸成为了今日的诚挚愿望。

斜阳下·什刹海·一个人

我发誓不是为着酒吧街而到什刹海去的。我喝的也不是“酒”，是茶——长岛冰茶。

独行在外，给自己的第一信条，便是不要喝酒，否则死了也无人知晓。但我还是自欺欺人地喝了，边喝边悠然欣赏什刹海的微波荡漾，和无数准新人留倩影时带来的梦幻肥皂泡。

这一刻，顿觉死也是好的——停在美好的一刻。

我没有死，还清醒如常地结账离场。真得相信自己能自制地一杯便停，才能够任性地在独游中啜饮一点兴奋的轻快。我随着越来越少的肥皂泡，准备找饭馆吃顿正经晚餐。沿路经过银锭桥，那道比卢廉若公园的九曲桥还要短的小桥，有一片橘红袭来。来之前，我并不知道这方向是朝西的，读过什刹海那么多旅游攻略，都没有看到谁说那叫人屏息的柳下夕阳，今竟让我撞见。漫天的红霞无边无际、深深浅浅地染上整片天空、整片什刹海，杨柳在调校这色调，缓缓摆着、撩拨着……

一个人的旅行，也可以做好规划、逛尽景点，只是那不是我，不是渴望偶遇的我。随意地逛，就像吃饭不订位，只有到了才知道店有没有开，如果没开，还得当场饿着肚子另觅地方。这几天的走走停停中，不是没遇上景点关闭白行一趟的情况，但也撞上了好几场像银锭桥的夕阳般让人始料未及的惊喜。还是不计划了，让我至少在这趟旅行中，尽情享受一回随心所欲、随遇而安。

无酒亦欢

踏入职场后，总爱在聚餐时喝酒，让自己精神松弛一下，也活跃气氛。婚后，比从前更贪杯，其中一个原因，是很幼稚的。甫入席，席间总有人言谈间打听婚后友人是否怀孕，即使亲口否认，见你不喝冰饮，或是吃得清淡些，随即就不怀好意地盯着看，甚至再度出言试探。这种事情甚是无聊，试想想，华人世界谁不知初孕三个月不宜宣布的习俗，若在此时追问，答与不答都将对方陷入不义，由此可见此举潜在的恶意多么大。然而，幼稚地在意流言的我无法洒脱，常为表“清白”而主动喝上几杯。

早些日子皮肤症状反复，医生说我免疫系统不理想，需要好好调养生息，我开始努力维持良好的休息及饮食习惯，包括不喝酒、不喝冰饮、不吃刺激食物、不吃寒凉食物、不熬夜等。说实在的，我家可爱的妈妈维持这种生活习惯近二十年了，但因为她早已生下两名孩子，年纪也渐长，所以无人阴阳怪气地问她是不是有好消息要宣布。我因新婚，难逃此景，每回都苦不堪言。

前两天跟几名好友约到大排档吃小炒。这种场合，啤酒必不可少，但我忍住了。若在往日，这定必遇上无数的挤眉弄眼，但席上的好友们主动关心我的身体状况，然后照旧聊天说笑。这晚上的气氛不比平时差，甚至很尽兴。由此可见，聚会一事，是歌者非歌。

花开那时

月嫂走了，离开我家前，她说："还以为能看到你那盆兰花开花再走。"她说的兰花，是奶奶前年新年买来的，去年已再开了一次花，今年竟又长出花苞来。月嫂对那盆花很感兴趣，特意储下了洗米水和豆渣给它施肥，又用铁丝固定花茎，还修剪枯叶。天气甚暖，她看着那盆兰花一日一日结出花苞，热切期待着花开的日子，可惜离开的时刻来得更早。

从前学写文章，有一种手法叫借物抒情。后来发现，这不只是一种写作手法，更是人之常情。人类的情感实在太充沛，即使是一盆小小的兰花，都叫人依依不舍。当然我知道，她舍不得的可能是我家女儿。从哇哇啼哭、谁也不认，到渐渐学会微笑、产生依赖，依偎在怀中安睡，这种被需要的感觉实在太美好了。而月嫂这种职业，正是一次又一次在建立这种亲密关系后转身离开。我很好奇但我不敢问，我家女儿在她怀中，她一边温柔哄睡，一边静静看着那盆兰花时，她在想什么呢？她抵达下一个家庭、照顾下一名婴儿的时候，会不会叫错上一个婴儿的名字呢？

那天早上，我帮她在兰花前，拍下她跟我女儿的合照。我说："有空随时回来看看我们。"她微笑着跟我们挥挥手，留下一袋晒干了的豆渣。我接了力，每周为兰花施肥。希望在她来访之时，花已再开。

互相目送

是龙应台的《目送》吧？“所谓父女母子一场，只不过意味着，你和他的缘分就是今生今世不断地在目送他的背影渐行渐远。”我的女儿还未翻身，自然未开始渐行渐远——渐行渐远的人是我，目送背影的才是她。

从怀上孩子开始，是我迫不及待期盼着她的出生、离开我的身体。产假结束后，是我不得不硬着心肠，每天离开十小时去上班。记得那天我和丈夫赴喜宴，我离开了四小时。妈妈告诉我，这个七十多天大的小小婴没有睡过一分钟，静静地等足四小时。我回来，凑到她面前，她才露出微笑，躺在我的怀里沉沉睡去。既高兴于她开始认得我，又心疼于她开始依赖我，在这种矛盾的心情之中，我提醒自己，终有一天，待在原地目送对方的是我。而我，不要为她放弃所有，正如我让妈妈不要为我放弃所有，也正如将来，不要让孩子为我放弃所有。

或许，未来在她更懂事的时候，她会舍不得我外出、舍不得我放手，但在更遥远的未来，我会舍不得她升学、舍不得她成家。这一场又一场互相目送，将是我和她还不完的债，甘苦兼具。唯有记得，今天她会紧紧目送我的背影，将来她亦会背向我渐行渐远，我才能维持清醒，认清她是她，我是我，方可自上一代的自我牺牲中挣脱，成为自由的母亲。

谁的大鸡腿

即使不是坐月子期间，父母也总会把饭桌上嫩滑厚肉的鸡腿留给我，这是我和弟弟自小便享受到的。十多岁的时候，开始学习孝顺，也曾试着把鸡腿留给父母吃。然而，他们一心要把好东西都放在我们身上，宁愿狠心把原只大鸡腿斩件蒸饭，一人一碗，让我和弟弟再也推辞不了。到了现在，他们年近退休之龄，能为我们做的事越来越少。烹调一只香滑的鸡，把鸡腿夹到我们碗中，是他们还能坚持的照顾与关爱。相比起你推我就来表达孝顺，我和弟弟已学会享受其中。父母看我们吃得香甜满足，常是一脸自豪，我们便自觉尽了孝道。

前些日子我回去吃饭，正坐在饭桌前吃着鸡腿。刚升格成外公外婆的父母，迫不及待把饭菜塞进嘴里，然后跑去和我那两个月大的女儿嬉戏聊天。我不禁想象，未来这只大鸡腿，是不是会落入女儿的碗中？彼时，我会母性发作，像我的父母投喂我那样，毫不犹豫地把鸡腿留给她吗？抑或，我会怀念自己无忧无虑地当女儿的日子，吃醋父母把好东西留给她而不是我？

外婆离世二十年了，当年她也夹过鸡腿给我吗？那么，我的母亲是不是也经历过我的心情？我突然分外期待女儿长大、能够吃鸡腿的日子，彼时我会看看母亲把鸡腿夹给谁，然后问她，外婆把鸡腿留给了谁。

月饼

古时工具少，物质贫乏，美食总得在大时大节才能享用。不知是否为了讨个丰衣足食好意头，节庆美食往往都是用料丰富、一吃即饱的：年糕、汤圆、粽子、月饼……新时代下，物质富裕，美食林林总总，对这些传统饱腻美食的渴求自是每况愈下。

因此，朋友们对我喜欢月饼一事常感到难以理解。

喜欢月饼的原因很直接，喜欢它种类繁多，虽然最爱的仍是热量高而香甜久久不散的双黄白莲蓉月饼，但五仁豆沙奶皇冰皮全都各有特色，通通来者不拒。除了味道，也喜欢月饼到来的时节。喜欢月饼伴着各种好水果，喜欢月饼的到来意味着严夏的离开，喜欢月饼在妈妈的生日前后出现，让我总是“不得不”多留在家里吃饭。

去年心心念念的潮州月饼，今年还未如愿，却迎来了近年新兴的奶皇流心月饼。家里突然从天而降一盒好东西，我不敢乱开，问准掌权的母亲大人，她说：“吃吧吃吧，不送人，难得你有时间在家吃月饼。”

是的，爱吃月饼，和能够闲闲地依偎在家人身边泡杯茶吃月饼，是完完全全的两回事。自中学毕业以来，中秋常是我的忙碌季，吃了一顿做节饭，我往往都是在学校或是办公室里吃月饼的。但今年不同了，我切好月饼，泡一壶酽得深不见底的普洱，剥着柚子陪着爸妈。

这样的月饼，不论是咸的甜的，都让人欲罢不能。

食月饼的最美时刻

心心念念的中秋节终于来了，之前还担心澳门的抗疫政策不知走到哪个阶段，如今都有惊无险地买妥月饼和水果，轮流回到长辈家中聚餐过节。不知是亲友们的报复性消费，或是商家们着实花了更多心思，今年月饼款式又多又吸引人。虽然街上的花灯明显减少，饭桌上的气氛却分外浓厚。

屈指一算，今年吃了陈皮红豆沙、五仁金腿、双黄白莲蓉、桂花莲蓉、凤梨奶皇、金箔黑松露流心奶皇，以及燕窝冰皮月饼。其中双黄白莲蓉吃了四家不同的，而我在四年前失落了的潮州月饼，也终于得偿所愿、吃个痛快。丈夫都吓坏了，平日不嗜甜的我，原来那么爱月饼。

月饼不只甜，它还充满层次、香气，以及回忆。跟妈妈一边吃月饼一边闲聊，说起某年中秋下大雨，我和弟弟迈着小短腿身披长雨衣，在卢九公园丟开灯笼，围着月饼铁盒煲蜡，眼里闪着满足的光，雨声也盖不过我们的欢笑声。为了有更多铁盒供耍乐，我们总是不厌其烦地吃下许多月饼。别家孩子都吃腻了，只有我们吃上瘾。

如今法例规定不得煲蜡，我和弟弟也到了不能放开肚皮狂啃月饼的年纪。然而，那股香甜美味挥之不去。一个人在家吃月饼，是尝不出那股滋味的，唯有窝在一大家子身边，热热闹闹、边说边笑，这月饼才如此招人稀罕。

烛光荧荧

喜欢中秋有很多原因。中秋天气清爽，不似春节冷得叫人颤抖；中秋美食丰富，比端午更有滋味。最重要的是，中秋温柔，没有背负那些沉重历史和重大祈愿，只是一家人团聚吃饭足矣。

不是每个中秋都可以齐齐整整吃饭。爸爸在酒楼工作，每逢佳节倍加班，我早已习惯跟着妈妈带着弟弟三人行。小时候，耍乐比团圆重要，更是没把这件事放在心上。倒是妈妈，偶然会带着我和弟弟到爸爸工作的酒楼去吃饭。爸爸也能抽空坐下来呷一口茶，当是团了圆。

那年中秋，我大概小学一二年级吧，那是一个下雨的中秋。无论如何翻找回忆，仍然想不起来那夜的月圆大不大、亮不亮，只隐约想起荧荧烛光在秋风中摇曳。在酒楼吃过所谓的团圆饭后，妈妈约了朋友，朋友又带着她们的孩子，浩浩荡荡十数人，到卢九公园去猜灯谜、吃月饼、点蜡烛。彼时流行电灯笼，推一下把手上的开关，塑胶造型灯笼中透出暗黄色的光，同时播放音乐，整条街上的人都忍不住扭头来看，颇为威风。我妈说我贪玩，出门不到三分钟就把新买的电灯笼玩坏，所以那夜只能临时给我买纸灯笼。然而，贪玩的孩子又岂会满足于平平无奇的纸灯笼呢？

猜过灯谜，大伙儿绕道到九曲桥旁的空地围坐下来。反正衣服回去也是要洗的，也就不用讲究什么野餐垫，席地而坐便吃起月饼。我们几个孩子把月饼通通拿出来，空铁盒放在地面上，一根一根、小心翼翼地将蜡烛排进铁盒中，然后从大人们手中借来打火机，躲在一角点蜡烛。点亮了没几根，别的就倒下来了，大家顿时手忙脚乱捡起摆好。一阵风吹过，刚点亮的几根蜡烛也灭了，铁盒里一片漆黑，只有周围泛着月光，依稀看见细如丝线的轻烟袅袅升起。大人们继续吃吃喝喝聊个不停，孩子们只得自己想办法。年纪较大的豆豆姐姐盯着蜡烛想了一会儿，伸手翻过铁盒，将所有蜡烛倒出来，然后拿起一根较粗的，点亮，斜斜地将融化的蜡滴在铁盒里，再让蜡烛站在那蜡滴上。一会儿后，豆豆姐姐轻轻晃动铁盒，蜡烛屹立不倒，只有烛光婀娜摇曳。大伙儿见状兴奋起来，立即去抢蜡烛，纷纷依样画葫芦努力为自己占一个有利位置。不一会儿，铁盒里站满了蜡烛，那火光竟有点刺眼。

如此亮光，自然吸引了大人们的注意。看我们没争吵、没受伤，被取走蜡烛的纸灯笼被放得远远的，也就随我们继续玩。说起来有点笨，不过是围着烛光，看红色的蜡烛一滴一滴融化，落在铁盒里混成一团，我们也看得兴致勃勃。秋风轻轻吹过，那团火光也随风摆动，待风停后又挺直起来，像是迎风而立的某种小生物。

正在兴头上，突然下起雨来。我们本没放在心上，草草穿过雨衣便继续奔跑。一盒一盒的蜡烛被排开，连成旁人看不懂的路线。我们一时跑到这盒蜡烛去补火，一时围在那盒蜡烛去挡风，沾湿了的发尖略带点凉意，正好替奔跑得浑身热汗的我们降降温。然后，那雨势急了起来，越下越大，大人们匆匆忙忙地带着孩子躲雨，匆忙得我们来不及救起那些蜡烛便被赶进凉亭里。雨点打在屋檐上嗒嗒作响，连面对面说话都觉模糊，但我盯着那一盒盒蜡烛，像是能听到铁盒被雨水敲打的声音，又像是听到了蜡烛熄灭时那微弱的一声“嘶”。

在凉亭里坐了很久——其实我也记不起来有多久，但对年纪尚小的我而言，感觉上过了很久——我们一群孩子不甘心地把弄着手上剩余的蜡烛。不知是谁家的孩子，突然盯着凉亭石桌上的象棋棋盘刻痕看得两眼发光，然后爬上石凳，燃起蜡烛，滴在一格一格的棋盘里。其他孩子们见状一拥而上，包括我，急不及待占据自己的地盘，继续这夜的煲蜡事业。楚河汉界二字早已褪色大半，但因为刻得够深，仍然历历在目。不知是被那四个严肃的方块字震慑，抑或单纯觉得那长条不及方格好玩，满满的蜡烛站在棋盘里，谁也没有踏进楚河汉界半分。饶是如此，大伙儿仍然玩得不亦乐乎。这是历年来最热闹的中秋节，雨声压过秋风，哗啦啦的背景声里，有大人们的谈话声，以及夹杂着响彻云霄、没有烦恼的童真笑声。鼻端嗅到燃烧的味道，却总是夹杂了柚子的清香，使嘴里那块蛋黄白莲蓉月饼更显香甜。

早已忘记那夜是如何结束的。雨先歇下，还是我们先离开？实在想不起来。然而我非常清楚地记得，过两天再到卢九公园去喂鱼，那石桌上的蜡迹红色一大片，在阳光下竟有两分像电影里的凶杀现场，多么地触目惊心。我忍不住走过去，伸出手指刮下一块蜡，石桌上留下深色的油迹。我仿佛听见退休老伯伯们叹息，这棋盘不能用了。心底有一股内疚悄悄升起，但我知道自己没有后悔，那是还未懂得后悔为何物的年纪。对于一个孩子，快乐太重要了。

后来，妈妈也需要在中秋工作。我和弟弟会被安排跟着外婆到卢九公园去猜灯谜。灯笼仍然漂亮，灯谜仍然难猜，我却已没了热闹的兴致，只是随便逛逛。刻意绕路到凉亭里探访过去的战绩，人家早已换了一张簇新的石桌，刻在桌面上的棋盘线条清晰，像是提醒我它的用途。即使没有规定，我也不敢在上面滴蜡了。再后来，外婆不在，我和弟弟开始各有各忙，许久不到卢九过中秋了。

这些年来，中秋都给自己安排了不少好节目。有一回跟朋友约到酒吧，隔着落地大窗赏月，把酒言欢；也曾经跟同学们跑回学校，在月色下玩狼人杀；婚后第一年，夫家隆重地摆了香案拜月亮，饭桌上更是堆积如山，菱角、香栗、碌柚、柿子、提子，还有各式月饼，当晚连梦里也飘着食物的气味；去年怀着孩子不走动，朋友们到我家来开月饼品鉴大会，我只能吃一点点，也喝不了茶，但发现客厅某个位置可以看到一角明月。这些回忆亦是充满喜悦和满足，心底却只对那夜的灿烂烛光念念不忘。很想很想，再尝试一回，无忧无虑地点燃蜡烛，看那融化的蜡油一滴一滴向下流，看它不同的走向、速度、姿态，然后渐渐凝固成与别不同的形状，就此看一个晚上，享受欢声笑语、朗月清风，无所事事，不亦乐乎。

认真才好玩

那天跟同事午饭后到某个虚拟实境游戏区试玩，其中一位同事极其投入，甫坐下就拉起裙摆夹好，边玩边欢呼，眼镜也挡不住额角的一头乱发。感受到陌生路人的奇异眼光，她不在乎地说："认真才好玩。"

前些年常有人宣扬"认真就输了"这句话，貌似开解那些重视胜负者应放开怀抱，不宜把那些竞技游戏放在心中，佛系一点，随意一点，无须在乎结果。起初，我也曾用这句话催眠自己——认真又不一定赢，甚至未必得到重视和珍惜，实在不必耗费心力去认真。然而，不认真投入，过程中的乐趣也会随之大减。像我那位可爱的同事，她自知不擅游戏，并不真的想在那个虚拟实境游戏的排名榜上争一席位，但她认真去玩、竭尽所能，每个环节都尽自己最大努力，输了也觉得过足瘾。这或许就是别人说的"拚尽无悔"吧。要是随便按几个钮，根本不去挑战自己，这场游戏无论设计得如何巧妙，都无法感受当中的刺激和趣味。

游戏如是，工作如是，一切需要人类付出心力去参与的活动亦如是。随便交差，先别说是否过得了上级的关，对自己而言便早已是输了，因为省下了心力的同时也主动放弃了证明自己的机会。认真苦干，虽然付出了成本，但至少还有机会，还有这过程中看到的风景，即使没有胜出，也不是输。

无病呻吟

这几天忙碌不堪，截稿期迫在眉睫了，才在某顿晚饭的席间偷空，用手机打草稿。彼时恰巧几名好友在身旁，见我皱着眉头苦苦思索，都想帮我出主意，边说边笑便忍不住打趣：“文青笔下之事不过是无病呻吟。”朋友口中这文青当然不是泛指所有文学青年，只是我想起自己每回交稿所写的日常，比起其他栏友关心社会、思考人生，好像我这一篇篇不上道的文章，真有点无病呻吟的意思。

初写本栏的头几个月，临交稿前检查文章，总有犹豫，这些生活片段会不会太无趣？我的联想会不会太无聊？所以，常废掉一些写好的稿子，丢在硬盘深处随它自生自灭，但才华有限，始终还是围着每天琐碎事来写。后来有一回，朋友说读到我的某篇日常而被打动。生活细节有时需要被放大审视，才不会让日子过得淡然无味，越是日常，反而越是引发共鸣。我倒是没想到共鸣这回事，但细细一想，“文学源于生活”也是类似的概念吧。

回头再看“无病呻吟”这四个字，朋友不过说笑，我自然只觉好玩。但每件生活小事是“有病”抑或“无病”，常是只有当事人才知道。不以别人的标准为标准，把我认为“值得呻吟”的事写出来，在这种文字记录里找到每个人的存在的影子，不也是副刊每个小格子的其中一个重大意义吗？

老窦养仔仔养仔

好几年前，我还未结婚，常听爸爸说这句话:“老窦养仔，仔养仔。”大意跟那首《燕诗》差不多，我们总是看重下一代，努力照顾孩子，既是须臾十来往，又是喃喃教言语。对于上一代，通常都是举翅不回顾。他也不是以此话试探我和弟弟，更多是感叹自己。为着生计，他只身离家来到澳门工作，后来成家立业、落地生根。每年他也会带着全家回去两三趟，送红包带物资，感觉仍未能弥补自己无法依依膝下、亲自照料之憾。

我以为自己不会步他后尘，直至我又阳了。

虽说新冠已是风土病，但毕竟难缠，我家还是比较谨慎。快测结果出现两条线时，我第一时间想到要保护未足四个月的女儿，随后便找妈妈求救，收拾行李回娘家住。我是幸福的，娘家留着我的房间，我随时可以回去。安顿好后，爸爸唤我吃饭，我说不便同台，让他们先吃。这时才猛然发现，父母年纪不轻，我带病回来，既要劳烦他们照顾，又有传染风险，算不上是特别好的选择。然而木已成舟，我只得尽量把自己关在房间里。

爸爸却一脸高兴，喜滋滋地趁我吃饭时隔着半个大厅跟我聊天。看着他眼角的皱纹在脸上飞舞，这才想起自己很久没有这样盯着他的脸听他说话。结婚后，我通常都与丈夫一起回来，近期更是每次都带着孩子，每回都是人仰马翻地哄睡、喂食、换片，并没有这种闲话家常的时光。从前只有他和我二人晚餐时，他最爱开瓶红酒和我边吃边喝边聊遍天南地北。在我强烈要求下，他坐在我面前稍远处跟我对话，不知此时的他，是否在回味当年的休闲与亲密？这样说来，这场病要是症状不太辛苦，还是有点价值的？他滔滔不绝地说着，而我竟在这刻分了心，悄悄打开手机里的监控画面，偷看女儿的睡颜——老窦养仔，仔养仔啊。

再见母乳

终于体会到小说里说的那种感觉：即使我不想要，知道我不能有也还是会伤心失望的。半年前刚生了孩子，尚在医院中，育婴室里的妈妈们已经开始泌乳。跟我同房的妈妈，每晚三点准时起床泵乳，那气阀的声音在深夜里分外响亮，叫毫无动静的我深感羡慕。同时，又担心此类情绪触动荷尔蒙，时刻提醒自己放宽心、顺其自然。

不是没试过亲喂，可是我家小妮子心急兼爱吃，亲喂需要技巧和时间，她总是急得满头大汗，哭着把我推开。这让母乳之路更会艰难。

出院前夕，我终于来感觉了，拿出护士巡房时给我的采集管，用尽所有之前学过的方法去尝试，只有一滴，且接不住。带着无奈回家，月嫂积极帮我通乳，妈妈跑遍中药房买通乳汤料，奶奶隔天给我煲滋补汤水，终于有了一点点成果。从十毫升开始，乳量一天一天增加，比小妮子饮的奶量升幅慢得多了，却只能耐着性子定时定候追进度。她百日的时候，我已经达成一百毫升的好成绩，能够满足六七成奶量，怎么追都无法超越这个分量，但也已心满意足。

半年过得飞快，终于要告别这条母乳之路了。我以为自己会迫不及待奔向饮食自由的彼方，却原来是满心不舍。想起早几年，我费尽唇舌才劝得动母亲自己跟朋友去旅行，她也是这种心情吧？

写下十万字

最近在整理自己近年写下来的东西，像看自己变老的缩时影片，一些从前觉得老气横秋的想法，如今已悄悄成为我的日常，曾经看不过眼的事，现在也觉得值得谅解。人啊，变得真快。

初投稿还只是学生，文章获登能向学校申请写作优良奖，于是用大名写作。我长得一般、成绩一般，也没有才艺，看到名字出现在报章上，成就感满腔。后来不知何德何能还在报章里占一席之地，怕真身让人失望，越写越天马行空，亦不敢用大名，写坏了可换个笔名重头再来——我就是老给自己泼冷水。

其实我本不喜欢在专栏里写日常，一来自揭隐私心里没有安全感，二来觉得没有人感兴趣。作家们累积了作品和名气，其生活自然吸引读者。我这等小薯，文笔勉强过得去，社畜少妇日记哪来吸引力，偏又没有时间沉淀心情，每回交稿都很挣扎，最终只是尽力写出点东西。后来有好几位文友，读到我的文章会跟我聊几句，还有人说，终于在我的文字里看到人的血肉和真感情，心情才开朗一些。

如此写着，几个专栏合计原来逾十万字。我的岁月、我的迷茫、我的爱与恨、我的上进与颓靡，都在这里了。想穿了，不论天马行空抑或少妇日记，各有趣味，不必设限。感谢大家还愿意读，那我就再努力多写下个、再下个十万字。

黏人的小小婴

我家婴儿什么都好，早早戒了夜奶，头发不少，翻身踢腿都顺利，唯独一事，她是个小黏人精。有些玩具，她自己一人也能玩，但她不依，总要别人陪着，即使坐在旁边看她玩也是好的。所以我和丈夫已很久无法好好坐着吃饭，总是吃了两口就去陪小婴儿，或是匆忙地轮流用餐。

清晨时分，阳光熹微，我看着这趴在我心口上睡眼惺忪的小婴儿的脸，心头升起一种陌生的感觉——毕竟我才认识她大半年。即使把肚子里的时间也算上，亦不超过两年。仅认识这么短的时间便要肉帛相见，照顾屎尿屁，以及产生无止境的肢体接触，确实是很让人受压的事情。

曾经是婴儿的我也做过同样的事吧，只是后来在长大的过程中吃了一颗又一颗分辨善恶树上的果子，建立出层层叠叠的羞耻感。如今，一次又一次把头埋进婴儿的尿片前凭嗅觉判断她是不是需要洗屁屁，早已把我锻炼成新人类。想到不久将来，她会爬会走之际，或许还要黏着我上厕所。我不但“被迫”让出了一切私人空间，还因为她是我的腹中肉，不得不对此处之泰然。霎时间原谅了过去所有在我面前一时失态的、已育的同事们，确实会出现行为错乱。

小婴儿吃饱了，在节奏稳定的扫风动作中再度沉沉睡去。她的脸虽然陌生，却点燃起我内心最柔软、最温暖的情意。她的黏人，是因为她需要仗赖另一个能够自主行动的生物来为生。而她选择了我，也是冥冥中认为我有能力让她生存下去吗？我长得不好看、没什么特长、职场发展亦平平，但我成为了另一个生命赖以为生的支柱。她夺去我的羞耻感，却注入了无穷的认同感，所以才说孩子的出现是教父母做人吧。我把她放回床上，浑身被压得酸痛却不乏力，打起精神开展新的一天。

书里观星

在消失之前

时光流逝，世事常变，我们都知道地球的转动从不停息，也知道事物的变迁总在持续。然而，对即将流逝的、改变的、离开的，我们总置之不舍。

九月份出版的第五十四期《澳门笔汇》，就是在这样的心情下，以“他们以文学，重塑自己的城”为题目，构组出一个澳门的模型。这期《澳门笔汇》从对过去的回忆，到对未来的想象，乃至小城的地标出发，邀请一众作者透过散文、新诗和小说，表达自己活在澳门数十载的复杂情感。除了上述较为抒情的三部分，更有“澳门申遗成功十周年专题”“观察与跨界”和“澳门文学活动”，记录澳门的文化发展。

在澳门的发展轨迹之间，澳门人构建了自己的回忆、自己的家。《澳门笔汇》记录了不同年代、不同地点的片段，当中有交通问题带来的痛苦，也有房屋问题带来的压抑，同时，也不乏人情味飘香，某种程度上抒发了澳门人又爱又恨的矛盾心情。李宇梁在《一抹休闲一抹荷香》中这样说：“我想，大家凭吊的，或许不是某个特定年代的澳门，而是消失了的空间，和作为土生土长的澳门人逐渐消失的存在感。”变化原是永恒，其实没有人在追求澳门一成不变地当一座小渔村，只是渴求在变化当中，自己仍然扎根存在。倘若，澳门人无法在澳门成家，那些爱和恨也就只能迁徙到别处去。像鐠而在《小城 M 大调》中说的一样：“M 城于我就是那张有爱的小梳化，也许，她并不是最大最美的，但却是最有回忆的——爱在哪儿，家就在哪儿，是冥冥中注定的缘分，让我们彼此相依。”当澳门人的爱已经迁离澳门，澳门这个家，也会随着空间和存在感的消失而消失。那么，这种消失，是谁做成的呢？

诚然，金钱挂帅的发展步伐，的确主导了澳门小城的变调。然而，正如水月在《我的欢乐天地》中的话：“如果说，澳门的味道没了，并非全部因为城市发展而新建的楼宇和娱乐场，甚而也不是因为把楼价越炒越高的地产商，个中原因，至少有我辈的曾经离弃，以及曾经对旧区老店的不屑一顾。现在的年轻人，也比较喜欢新式食店、新事物、新环境。带他们的母亲外出时，想必也像我当年一样，尝鲜尝新。”像书中各位作者念念不忘的九记冰室，它被昂贵租金所迫是事实，但大伙儿渴望新事物，追求扩阔视野，也是事实。有些淘汰，作为旁观者的我们责无旁贷。而这些淘汰，是一种正常的循环，还是消失的前奏呢？

到底，澳门的将来，是如雪堇在《一个名叫澳门的小城》中所总结的，“其实这只是 / 血液在动脉与静脉之间 / 又一次交替”，抑或如紫菱在《行动代号——风铃》中所预言的，“或许，这个城市已经到尽头了……地球上再没有澳门”呢？谁也说不准。但至少，在消失之前，属于澳门的文字留下了属于澳门人的印记。

我怀念的

前些日子到永乐看一出本土电影，里面有这么一句对白："澳门变了许多，不过都是外面变了，里面其实没有变。"我在电影院的一片漆黑之中，顿时想起《澳门来兮》。

《澳门来兮》是以九十年代的澳门——临近回归前夕——为时代背景写成的故事。书中以女角为主，描述以各种方式来澳定居的女性如何在这个小城挣扎求存。虽然故事并没有直接谈及"澳门有没有变"这个问题，但是在今天，看那些存在于九十年代的故事，本来就会出现对比，而对比得出的答案，正回答了上述问题。

先从情节上看《澳门来兮》，书中大部分女角都得到圆满得不能更圆满的美好结局，有点脱离现实。然而，从人物设置上，角色之间互信、互助、互爱的关系，偏偏是当时澳门街的真实写照：

一个孕妇在街上看到神色慌乱的少女，会义不容辞帮她逃过警察的抽样检查；一个无子女的老妇临终前将自己的财产留给相识不到半年的邻居；一群新相识的女子，合得来便邀请合居，并联结成家人般一同买新房、搬新家……

这些例子看着似乎有点夸张，但充分表现出那个时代的澳门人是多么纯朴热情、乐于助人。那种美好的态度和关系，正是我心目中的澳门人形象。二十年过去了，一切已无可避免地变质，如果把角色代入今天，我猜想会成为：

一个孕妇看见神色慌乱的少女，大抵会尽快报警，以免受影响；一个无子女的老妇临终应该会把钱花光，最善心是捐到慈善机构，总之不会送给旁人；一群新相识女子无论聊得多么投契，也绝不会随便提出同居。

这些猜想并不无稽，如今在澳门，不难看见冷漠或使人厌恶的脸。前几天不是才发生巴士司机和乘客争执的事件吗？你嫌弃我问题多多，我不满你态度强硬，最后便大打出手了，还要拍下片段公告天下。车上的人并没有上前劝阻，反而能躲就躲。这种存活于现实的、破碎的人际关系，与书中的暖煦世界形成一大对比，读来更觉心酸。

我并不是说保护自己有什么不好，年代和环境的转变，自然会带动人文走进变动轨迹。只是，这种“自我保护”也恰恰说明了澳门人的关系起了变化，人与人之间再也不能那么彻底地互相信任。同时，因为这种不信任，援助之手、友谊之手也就愈来愈难伸出来了。

尚记得总有一群人高呼自己怀念往昔的澳门街，那么，在怀念那个波平如镜的濠江水面时，在怀念灯光零星的澳门夜景时，在怀念步伐悠闲的小城街巷时，又有没有怀念一度亲密的人与情呢？

回不去了

要找丢掉的东西的时候，我们回首；背后有人叫唤的时候，我们回首；前路茫茫走累了的时候，我们回首。然而，要找的人与事，是否还在灯火阑珊处？而找到的人与事，又是否闪亮如昔？

水月的《回首》，是一个关于寻找过去的故事：单单寻找身世、晨曦寻找阿梅、阿菊寻找记忆……

二十多年前，一群乡村青年为了生计偷渡到澳门，过着见不得光的无证日子，在辛勤工作中见证生离死别。到了中年，一切安定下来后，当年见不得光的黑暗过去紧紧追上来。在一段又一段现在和回忆的穿插之中，他们都找到要找的人与事，然而，那些过去的丑陋，却又让人宁愿从来没有揭开。

故事主轴是这样的：玉玲在一场交通意外中昏迷，令独女单单萌生查找身世的念头。单单本以为自己是单亲家庭的孩子，大不了有一个没良心的爸爸，但抽丝剥茧后发现自己原来是一名孤儿，而且是母亲被强暴后怀上的孩子。她的妈妈的确叫玉玲，但与单单相依为命二十多年的玉玲，却是拿了玉玲的身份证活下去的人，原名叫阿梅。真正的玉玲，在诞下单单后便离开了人世。

这个迂回曲折的复杂故事，在水月流畅的文笔下娓娓道来，读者理解起来不但毫不费力，更想随着单单一起迷茫地追溯过去。这时，《回首》活生生是一篇情理兼容的悬疑侦探小说。

一步一步接近答案的时候，单单假设过许多答案，每一个答案都是可怜而悲惨的，她以为自己已经做好了心理准备。然而，得知最终答案的时候，她还是震惊了。这像不像我们真实的人生？在寻找的过程中，我们可能怀有期待，也可能做足心理准备，甚至身边有人劝告过、阻止过。然而，明知结局未必美好，甚至丑陋，我们还是按捺不住回首去想那些过去的人与事，要揭开过去的层层面纱。然后，又狠狠地被这些过去刺伤。

为什么呢？为什么不在一开始就豁达地放手？为什么要亲手紧紧抓住那个伤口，直至痛彻心扉呢？故事是故事，当一篇悬疑侦探小说水落石出，带来的是满满的充实感。然而，这种水落石出往往把人绊倒，使人头破血流。明知不可为而为之，这种偏执，大概是人类与生俱来的通病了。

在《回首》的第十四章中，有一段关于阿梅的心理描写："她常在夜半醒来时想，要是她没有离开老家，母亲与癌病搏斗的日子，会不会比较好过。但要是留在乡下，恐怕连止痛药也没钱买。那么母亲所受的煎熬，又岂是阿梅陪伴在侧就可以减轻的！"

要是能够回到过去，重来一遍，或许还可以试着改写结局。只是，人类没有时光机，我们只能无助地回首张望，什么都改变不了。像选择离开老家的阿梅，像选择寻找身世的单单，白白神伤。

小城的眼睛

读林格的小说，常常让我想翻看再翻看。第一遍看他的故事，第二遍看他说故事的角度。他笔下的故事常游走在现实和幻想之间，一方面是社会底层或是普罗大众的日常，一方面又是每个人心中独一无二的无声呐喊。你以为他不过是写着自己内心世界里的点滴，但原来他是藏在小城一角的明亮的眼睛，写出了许多许多人无法说出口的故事。

比方说，“无伴奏”一章里的小说，就让人有踏进异空间的感觉，唯有静下心读，自会发现当中的隐喻。例如《下班》，没有了主见的主角像是没有了灵魂，站在街角一隅看着时间流逝，却连向前走一步都迈不开腿。酒前酒后的他被写成两个截然不同的人，不就是和所有在职场里硬撑着四面八方蜂拥而至的压力的人，一模一样吗？现实的理智叫人踌躇，唯有灌下使人不清醒的酒精，才能找回果敢的自己。林格从不无聊直白地把都市悲哀罗列出来，而是擅长于刻画细节，让读者不知不觉间走进他笔下的世界。每回读毕想说点什么，都只得长叹一声，待缓过气来，才有办法整理思绪。

而林格的故事，从不以上帝视角的姿态出现。同样是作为读者在小说世界的边缘看里面发生的情节。别人是审视全局，林格的读者却不得不跟着主角走。例如《黑夜沙环》，猜环环变心、猜老沙杀人、猜小黑密谋抢亲，猜来猜去都无法在故事伏笔里轻易猜出三人之间的情感线。只有跟着故事情节看下去，结局才会一点一点浮上水面。《你看你看》如是，《好东西》也如是。所以我说林格像是小城里的一双眼睛，悄悄观察着最平凡的生活日常，写出了最不凡的故事真相。

林格的小说还时常透露出一股“反差萌”。在“无乐谱”中以大团圆结局收尾的《配》，读者读到最后本应高兴，却有哭泣的冲动；在“无分贝”中叫人心痛不已的《聋》，血淋淋的悲剧落幕反而让人感到如释重负。每一个情节简单的故事里藏着复杂的情绪，谁又说这不是我们的日常呢？

以乐章为章，以离调为调，《离调而鸣》奏出了一曲又一曲与世界常规不协调的歌，“无伴奏、无乐谱、无分贝”，却叫人听懂了包容与爱。歌声里充满感情便是一首好歌，而字里行间充满感情，也就是一本好书了。

尚记得，第一次听到“离调而鸣”这四个字，我觉得这不像小说集的名字，反而像诗集。读毕这本小说，我维持原判。后记里，林格写下了这么一句话：“众人若能在黄昏里放过那只啼鸣的公鸡，大概也就能在无常中放过那些离调而鸣的人。”或许，这本来就是像诗一般的小说集。

在澳门寻一个神迹

读短篇小说集极为过瘾，花同样的时间，读几倍之多的故事，有种赚了的感觉。一口气看了大半本，消化略慢便会感到主角们横跨各个故事，齐齐在脑海办派对。

比方说，书中第一篇小说《摇摇王》。将澳门和巴西的Macau联结，主角在澳门庸碌地活着，没有专长、没有喜好，却突然受邀去巴西参加摇摇大赛，出乎意料地在大赛中发现自己是外星人的后裔，而摇摇大赛竟是用来挑选继承保护地球责任的一次“家族聚会”。用微不足道的摇摇来承载保护地球的神力，越是不起眼的小东西越制造情节反差，成功挑战了读者的想象力。当澳门被设置为主角苦闷人生的成长之地，而巴西Macau则成为他发现自己神秘身份的地方时，我少不免一阵悲哀，对号入座地感到，澳门似乎不容神迹发生，而追赶梦想、超越人生，必须走到地球的另一端，才有实践的可能。

带着这样的心情翻到我认为最虐心的一个故事——《忧郁的星期天》。最好的朋友和女朋友相继离澳，主角生气而无奈，却坚持留在澳门。离澳的二人都在外地突然离世，他在无尽的忧郁中陷入歇斯底里。虽然文内没有明确交代，但他把澳门区旗裹在身上，打开窗户，想着：“你们要走，要死在外面，而我就算死，我也要与澳门在一起。”所以我相信他还是跳下去了。他盲目地接受了澳门的所有不足，却找不到方法填补内心的空虚。在结局里，他把历经十年的、共十七万字的小说全数删除，喻意他把一切的爱与寄托都删除，除了死，已没有另一个结局。我开始担心，澳门人留在澳门，是不是只有一条不归路？难道必须像《荷官欧阳家明》中的主角一样，当一个幸运的荷官，才有机会扶摇直上、出人头地？但不够幸运如家明那般，最终不也是死于非命吗？

我按捺着灰色的心情和移民的念头，读到最后一篇。那是《五百年孤独》，写的是孙悟空被压在五行山下那五百年的故事。不是大闹天宫的精彩，也不是前往西天取经的历险，而是那苦闷的五百年。孙悟空初在山下时，意识、记忆和感觉尽失，后来才逐步恢复视觉、听觉、说话的能力和四肢的活动能力，重新以珍惜的目光来感受世界。所以三藏法师为其戴上的金刚圈，不是别人口中的限制，而是自由的代价——终于得以离开被压迫、被遗忘的山脚下，这是一个神迹，带来希望的神迹。

我的悲哀在此得到升华，澳门不是完全没有神迹，但需要先被“置之死地”，也需要付出金刚圈的代价。活在生活压力与 GDP 光环的巨大落差之间，我无法断言澳门现在到了“死地”没有，但如果城市能够在轮回中复生，我会愿意留在这里，见证迎来神迹的那一天。

愿你也有寻梦的勇气

上半年书店出现一本极为厚重的绘本书，既是儿童故事，又有玩具游戏。书中有磁铁轨道，读者可以按指示将轨道连成路线，途经澳门著名世遗，轨道上放上书中附设的小小玩具车，立刻便“游历”起来。而玩具车上的玩偶，正是故事里的主角，雌性的黑脸琵鹭“麦麦”。

“麦麦”在松山的一片树林里破壳而出，遇到许多友善的动物朋友陪她成长、教她学习。她在成长的过程中认识自己居住的城市——澳门，也认识了自己。从浑身雪白，到长成黑脸、红眼、带黄斑的眼眶，身上一天一天长出不同的色彩，像我们常寓意白纸般一无所知的孩子开始走向色彩斑斓的人生。长大后的“麦麦”日渐意识到自己爱冒险的本性，虽然舍不得澳门、舍不得树林里的好友，但还是决定飞往无边无际的广阔天空。她并不盲目飞翔，而是带着自己的梦想和使命，勇敢踏上旅途。

从资讯性上，这部绘本深入浅出地介绍了黑脸琵鹭的成长习性，更简述了大三巴牌坊、何东图书馆、妈阁庙、郑家大屋、西望洋圣堂、东望洋灯塔、观音莲花苑、东方基金会八个澳门重要世遗景点的背景资料，结合幻彩大巡游这项本地特色活动以及科学馆这个孩子好去处，让孩子进一步了解澳门。简而言之，这是一部真正的澳门绘本书。

绘本的最后一页，看着“麦麦”挥别树林飞向远方，我突然想起前些年，总有人说澳门青年只爱留在舒适圈里，不愿看看外面的世界，也不愿挑战自己。我不知道这样说的人，是不是只认识留在澳门的朋友。我反而常听说一些勇于冒险的故事，其实澳门什么人都有。相较之下，这个简单的故事唯美一些。留在树林的动物可爱而友善，面对离开的“麦麦”只有爱护和祝福。明明是鼓励孩子追梦，却没有让故事里所有动物都往外跑，有喜欢冒险的，也有喜欢留守的，互相尊重、各适其适，这样才是和谐欢乐的树林该有的样子。

想起宣布“麦麦”成为澳门旅游吉祥物的那天，铺天盖地的嘲讽之声四起，笑她黑脸、笑她濒绝、笑她的名字，笑她展翅不复返。我在想，有些孩子不愿意飞出树林，会不会也因为担心身后这些过分聒噪的声音呢？我曾担心，“麦麦”也会被压在这些莫须有的声音下，但如今这本厚重的绘本故事，像是默默地说明，即使背负那些不理解的声音，“麦麦”和有梦的澳门人一样，仍然勇于追寻，做自己想做的事。

旅行是为了看世界

从前不特别向往旅行，许是疫情困久了，看书也找旅行书来看。每每看到别人费尽心神策划精彩旅行，专门寻访与别不同的风景，羡慕中深感敬佩。《戴上头巾，西行波斯》便是一例。

所谓波斯，即今伊朗，在烽火的浓烟下埋藏着数之不尽的神秘古文明。作者的西行之旅，结合历史中的丝绸之路历史，沿路观察当地文化习俗，以及人与人之间的交往，写下一个温暖可爱的城市，颠覆一般城市人对伊朗的刻板印象。令人惊喜的是，除了伊朗，此书还辑录作者游历冰岛、俄罗斯、日本等地的各式趣闻，丰富行程满足疫情下想出走却乖乖留澳的心。

伊朗和俄罗斯，见字即叫人心生寒意，这种因恐惧和未知而产生的寒意，犹胜冰岛。虽说旅程各有惊险之处，但见作者步步为营、小心谨慎，就知她的认真。然而，在一次又一次与当地人的交涉沟通中，她又忍不住一层层卸下防备，感受当地人民的善意。在伊朗兑换货币，居然胆大得随着陌生老伯伯走进暗处，每一回风吹草动她都准备要转身离去，结果对方随手放下数万元现钞行出行入，无条件的信任叫她松一口气。在俄罗斯的地铁迷宫阵不知方向，作者甫打开地图即遇好心青年教路，甚至亲自引领到车站处，都让她感到战斗民族皮肉下的滚滚热情。

在书中多段旅程中，我最喜欢作者往冰岛寻光。极光，多么浪漫又飘渺的存在。追访极北之地，抵受极寒天气，却不是必然觅得这一束光，想必要拥有一颗坚决却又随遇而安的心才足以支撑这段旅程。作者可算幸运，三遇极光，除了苦苦追寻的一回，还有偶遇的两回，此间的心理变化叫人印象深刻。虽同为极光，第二回的极光只得暗淡的一缕，星空比极光更吸引人，作者根本懒得去瞧，但第三回璀璨非凡，同行友人赶着吃龙虾餐擦肩而过，作者却在不经意的抬头间将美景尽收眼底。有些理想不如想象，便去寻更美好的去了；有些惊喜不期而遇，更叫人惜福。

作者文笔甚佳，引经据典如闲话家常，加上幽默而细致的描述，叫人增长见闻之余忍俊不禁。爱旅行的人当以此为范，不为打咭拍照炫耀，却为着寻一寻儿时向往，看一看世界之大。自然风光也好，人文风土也行，都是旅程中的奇妙之趣。

话说回来，初翻开此书时我怀着颇沉重的心情。作者在序言追忆父母，彼时到西藏有父亲接载，每回外出都得报足平安，如今此等责任不复，但父母于心像长伴每趟出行，使去程仿若归途。短短序言叫人垂泪，岂料内文却不乏幽默，可见人生五味杂陈，最重要是活在当下。

小脚印与大世界

你是一个怎么样的人？

这个问题，绝非一时三刻可以回答，但林君朗像是一个自小就知道答案的人，并终其一生努力达成他想做的事情。而《云上的十八岁》，则是他在这段人生旅程期间踏遍世界的印记。读完之后，便能轻易理解，为什么林父和君朗自己，都认为他是一个“希望改变世界”的人。

继二〇一八年七月繁体版《云上的十八岁》面世后，今年迎来重新选稿排版的简体版。虽是出自同一人的手笔，却有不一样的阅读体验。繁体版《云上的十八岁》是林君朗的精选作品集，结集了他于儿时在《澳门日报》初撰“小豆芽”专栏起，至海外求学期间在《华侨报》写“留学寻思”专栏、投稿《澳门日报·旅游版》以及在《新生代》杂志撰文的大部分优秀作品。简体版《云上的十八岁》则以林君朗周游列国的见闻为主轴，除了“他序辑录”外，全书正文分有“留学见闻”“踏遍科索沃”“漫谈欧洲”“拉丁美洲的思与想”“非洲‘奴隶海岸’之旅”及“亚洲点滴”六大部分。

翻开此书，像是跟着林君朗的脚印，窥探他在英国留学，以及在留学期间四处游历的种种见闻。他细细观察每个城市的风土人情，又深入分析各地的国际局势，他的文字不只有理性思考，也充满人道关怀。以他在尼泊尔移民与国际关系中心（Center for Migration and International Relations）实习三个月为例，他一方面以真实数据和个案访谈作为理据，记录尼泊尔外劳在外工作的困境和苦况，深入浅出地分析有关制度的缺失，分别以中文和英文写下并发表了《卡塔尔危机：制度缺陷下的尼泊尔外劳困境》和 *Caught in the Deadlock*：*The plight of Nepali Migrant Workers in Qatar Exposes Nepal's Institutional Deficiencies* 两篇文章；另一方面，他又写下《回望九十日尼泊尔之行》和《尼泊尔小发现》，逐一记录他在尼泊尔当地的见闻，例如尼泊尔人对印度人的观感、尼泊尔男士们亲密的友谊、遍布街头的流浪狗等；与此同时，他又另撰 *Where Dreams Meet Deaths*，细细倾诉他到机场接收海外身亡的劳工遗体时的经历和感受，字里行间满是伤感或哀叹。

纵然写下严肃题材，林君朗却不是一个古板的人，看他在欧洲的"旅游贴士"，还有胆大包天地勇闯危地马拉和朝鲜，又能看到他对世界的好奇以及作为青春期男生的顽皮活泼。他的坐言起行、胆大心细、认真严谨，都证明了他是一个希望改变世界的、勇敢的人。

全书读毕，自然被作者的满腔热诚感动，而读者不但借着他的小脚印认识了大世界的各地特色，认识了带领读者去看世界的林君朗，也认识了他在途中不吝热情结识的各国好友。果然，精彩多姿的人生需要放开怀抱才有机会体验得到。在疫情肆虐期间不便出门，那就先读这本好书，全身心做好准备，不枉不久将来的每一场游历。

那些年的如诗往事

我不敢摊开纸张 / 怕一写　便泄露了思念

——《寂寞是深夜的云》

每次买书时，我都喜欢随意翻开中间的其中一页，如果能吸引我，则买。上面的这一句，是我在《燕燕于飞》里看到的第一句：最简单的用字，最直接的句子，最纯粹的情感。真挚得像那些年的少女日记，同时又升华出绵绵诗意。

作者洛书以《燕燕于飞》作为人生一次总结，因此从中得以窥探她的生活、旅行和友人等点滴。洛书是一名在赌场任职的诗人，本诗集中的《魔术师》《我的情人》和《赌客》，正是描写赌场点滴，以生动中略带不雅的赌场术语（如：庄、闲、吹、顶等字）入诗，刺激读者的想象，也丰富了诗的画面感。同时，洛书习楚辞，所以诗句中不乏古意，《新曲木兰令》更是代表作。

我最欣赏的，莫过于洛书笔下那些看着淡然平实的句子，往往像拂起微微尘风，使人鼻头一酸，继而深深叹息。例如在《十二离歌》（十）中的，“在下一个路口， / 是否还能再看一眼你扬起的 / 白色衬衣口？”多少次，你我走过熟悉的街头，冷不防有一格回忆画面自动播放，与现实重叠后，眼眶就蒙上一层薄雾。那一格画面，可能是他 / 她的微笑、他 / 她的指尖、他 / 她的鞋头，甚或是他 / 她的衬衣口……又例如在《十二离歌》（十二）中的，“很多时候， / 我平静地做着一些事情。/喝水。失眠。无所事事。/然后平静地想念你。”简单的三十个字，像是隐藏在房间角落的摄录机，一点不差地将想念旧人的情景刻画出来。谁又会独自上映电影情节的夸张戏码？摔杯盘？扔杂物？撕信笺？不不不，那些呼天抢地都是情商破裂后的爆发而已。真正的想念，反倒像平静湖面的一圈涟漪，似动非动，缓慢散开。而渐渐淹没在想念中的自己，维持着本来的姿势，平静地下沉——不喘气，却也呼吸不过来。

从《十二离歌》中看到的不舍，在《沉默中的沉寂》中得到延续，“我努力向上仰望/你却不再向下俯视”。上与下的视角，诚实呈现了作为思念的一方的下风。“我”不止仰望，甚至努力地仰着脖子等候“你”，你却连不费气力的一眼都没有抛下来，那种距离犹如遇不上朱丽叶的罗密欧，悲凉而无可奈何，只得在静默中一声不吭。

读诗的想象空间很大。在读《燕燕于飞》的时候，可以逐篇诗歌分开细读，也可以连成一个长篇故事。我一厢情愿地将《一路相随》放在这份不舍的总结位置：“我们在最荒芜的日子里恰巧遇见彼此/我们尽情地挥霍那近乎奢侈的年华/风吹过后，才恍然醒悟，那些时光镌刻出如血液般的地老天荒”。在那些年的青春期里，我们的感情总是最纯粹、最激烈，因为生命里没有别的东西吸引我们的眼球和注意，我们没有成就、没有利益。那些人物、那些情感，如同荒芜沙漠中的一株嫩草，成为唯一的焦点。在太阳底下，这株嫩草燃烧成我们成长的养分，活在回忆最深处。这种往事，不能重来，却一路相随。

学会说再见

第一次被几米绘本疗愈，并不是那本 1999 年出版的经典之作《月亮忘记了》，而是 2011 年才面世的《世界别为我担心》。至今我还是常常翻看《世》，一方面竭尽所能让世界不要担心我，却又无可自制地为世界担心不已。特别在疫情这几年，各种世界大事频发，更是让焦虑者们放不下心。而最新推出的《星星是暗夜的眼睛》，似乎在呼应这种心情，除了提醒我们放下担心，也安慰我们放下缠绕的不舍之情。

在《星》中，通过孩子的目光，以孩子的单纯，直率地表达自己对同伴们离开的伤心和不理解。何止是孩子，成人们也在数之不尽的失去中悲痛不已。我们学会用“就当他们刚好都搬家转学了吧”或者“就当他们刚好都出国旅行了吧”来自欺欺人，可是看到那些离开的人剩下来的一双手套、一只娃娃，甚至只是想起犹在耳边的一句说话，我们就骗不下去了。我们总是以为彼此还有明天、明天还有机会，而那条向你借过的围巾，过几天再归还，这不是很平常的吗？谁料到这几天永远来不了呢？人生每一天都充满失去，明知这一切没有道理可言，而这些失去只会一直重复，我们却永远无法习惯。

绘本的特别之处，在于它的图文并茂。一个一个独自悬浮在繁华世界的孩子，终于还是随着书页翻过而留在回忆中，主角终于在安详的月色下表达了谢意。感谢这些离开得太快的同伴们，曾经与自己在一起。我们是如此舍不得彼此，但如果注定要别离，至少我们可以正视共度的时光，认可这些片段都是美好而快乐的，而我们感激这段相遇。

作为主角的小男孩和朋友们共同观赏了一场灿烂夺目的烟花，然后朋友们坐上一朵白云飘走了。小男孩依依不舍，最终还是跟朋友们道别，独自转身回到自己的世界。在漆黑中蓦然一回首，暗夜中闪耀着无数的星星。这就相当于我们从小听到大的传说：逝去的人会幻化成天上的星，一直看顾着我们。

跟离去的人说再见，就跟翻阅一本书那般，我们不可能直接跳到最后那页，告诉自己“本集完”。囫囵吞枣地强迫自己接受，只能是没头没尾地自欺欺人。真正的接受，必须经历许多不解、许多不舍、许多不得已，这些情感最后会绽放成烟花，把每点美好滴落在心头，方能释怀。我不知道自己未来还需要经历多少次失去，但是我知道，不需要惧怕自己会伤心，因为曾经共聚的美好是抹不去的，而离开了的人，“就跟星星一样闪耀”。

另一端的声音

大概是两岁吧，我开始在家中自由走动，并对所有物件感到好奇，什么都要摸一摸、拿一拿、看一看。放在茶几上的电话，是我的主要目标。拿起来听得见声音，那叫作玩具；拿起来听得见爸爸妈妈的声音，能够和他们咿咿呀呀对话，那叫作——好神奇！是的，曾经，电话对人类而言是好神奇的事。摸不着、看不见，但至少可以对话，是分隔异地的人最亲密的接触。不过，随着科技愈来愈进步，人与人的沟通也愈来愈方便。一部智能电话便能把文字、语音、图片和影像传达到地球的另一端，于是，电话最原始的即时通话功能变得可有可无。

《来自天堂的第一通电话》便是一部以电话的即时通话功能为题的作品，作者联结了两个故事：第一个讲述小镇里有数名居民收到已离世的亲友来电，引起全球关注；第二个则关于电话被发明出来时的轶事。一度，身处两个地方却能够对话，是令人兴奋而感动的，然而被人们广泛使用后，便变得稀松平常。因此，通话的双方不是身处两个地方，而是身处两个世界，才又重演了这种兴奋和感动。

读过了这部作品，我才记起即时通话的特殊性。当然，多媒体讯息很好，那些文字、语音、图片和影像都能反复修改至完美才发出，而发出后又能够储存下来，随时翻阅。然而，太完美太方便了。因为这个修改的空当，彼此沟通交流中的时间间隙也大得多。大家都不可能放下手边的事情空等着，反正收到讯息时，智能电话会响起提示音，到时再回应即可。于是，这些时间将彼此的距离感愈拉愈大。

至于电话最基本、最古老的即时通话功能，和上述这些多媒体讯息是不一样的。对拨出电话的人而言，在等候对方接听的当下，是的的确确希望对方立即回应。在话筒边上的双方口中，那些语气、那些用字，都是即时的，是最直接、最真实的第一反应。可能冲动，可能容易出错，但这种通话却充满人性的感情。

而更重要的是，即时通话象征了存在。在数码化科技中，多媒体讯息能够储存再使用，即使发出的人已经不在，讯息还是能够一再重播，因此，在话筒另一端传来的声音，才会叫人这样重视，也因此，书中的“天堂来电”才会引起这种震撼式的关注——可能证明了天堂的存在。

“天堂来电”背负了一种对宗教的思考，但我更着眼于一众角色对“天堂来电”的期待。试想想，能够和那个无法再见面、无法再对话的人，再讲一通电话，像是弥补了离别时太匆忙而造成的遗憾，像是填充了分别后心里的那个空洞，像是回应了对未知的不安和对失去的不舍与牵挂……这种期待，也恰恰说明了，什么照片影像，也比不上即时的电话通话，它是分隔异地的人最亲密的接触。

天堂到底是否存在，我不知道，这本书最终也没有写出一个完整的答案。然而，电话另一端的声音，不论是来自天堂抑或人间，都是一种值得珍惜的奇迹。

人生的结局

承认吧，即使你生活安稳、不愁吃穿，人生总遇上一次又一次的分岔路，令你苦恼、令你伤心。站在难以抉择的路口，我们都少不免询问身边人的意见，然而，不同的成长背景、不同的价值观，谁的意见又能完全中肯呢？最后还是只能向自己要答案。

日本作家湊佳苗一向撰写揭露人性丑恶的故事，例如《告白》《少女》等，而《故事的结局》却是充满正能量的作品。第一章“天空的彼岸”，是关于绘美在“成为作家的梦想”和“留在故乡成为面包师嫁给未婚夫”之间做出选择的故事。第一章完结时并没有把结局写出来。

接下来的五章，则是通过旅行串联起来。每章的主角怀着各自的心事，这些心事关于生命、关于亲情，也关于梦想。在面对人生分岔路的一刻，主角们决定独自旅行，好好思考未来的方向，也借此向没有选上的那个方向道别。而旅途中，他们结识了同样独自旅行的其他主角，在过程中互相帮忙，倾吐出自己的苦恼，并获得了“天空的彼岸”的文稿。在没有结局的故事里，他们各自在自己的脑海中构想出自己想要的结局，也从中进一步明白了自己的心意，决定了自己的人生选择。然后，在继续的旅途中，将文稿传给下一个帮助了自己、向自己倾吐出苦恼的人。

书末的两章，作者把故事绕回绘美身上，为“天空的彼岸”写下了结局：绘美留在故乡成为面包师，可是也把文稿寄到出版社，出版了唯一一本销量不佳的作品。然而，孙女小萌在最后是这样对绘美说的：“奶奶，虽然你刚才说是第一本，也是最后一本，但谁知道是不是真的是最后一本呢？”绘美点头微笑，回应了一句：“也对。”视角就拉向广阔的蓝天。这句话为结局后加了一页空白页：彼时绘美已经退休，大可重拾纸笔，继续当年的梦想，创作新的故事。至于这个作家梦算不算实现，又是另一页空白页要说的事了……

回想前面五章，回想自己的人生，每经过一次分岔路，其实都得到了一些、又失去了一些。在这一个个舍与得的抉择中，很容易就陷入了“如果当时选了另一个就好了”的恶性逻辑，既解决不了眼前的问题，又落得一副郁郁寡欢状。然而，只要对未来怀抱着希望，像绘美一样，即使留在故乡的乡村小镇，她的文稿还是可以邮寄到东京去，或参赛，或出版，她的梦想原来并没有因为选择而终结。

作为一个故事，我们可以写出千百个自己喜欢的结局。作为人生，其实如是。“人生有无限的可能”所说的，不只是无限的选择，还有无限的结局。就像儿时画鬼脚一样，绕来绕去，说不定有机会重走当初想走而没走到的路。耐着性子，坚持下去，在终点之前，人生可以有许多、许多结局。

愿爱感化所有

在许多重生转世的小说设定里，带着前生记忆轮回的人，通常背负了某个使命，可能是“还债”，可能是“报恩”。《狗狗的旅程》中背负使命重生的，是一只狗。作者从狗狗的第一视角出发，写下它一再重生的故事，除了看到它所守护的主人的经历，也看到狗只对人类世界的想象，重新认识狗和人类的关系。

名为“老弟”的宠物犬，经历了三生三世，终于完成了陪伴主人伊森的使命。本来已经走到生命尽头的它，却意外救下伊森的孙女克蕾婷，明明已经完成陪伴伊森的使命，灵魂仍然寄托在新的身体里重生，性别和品种都几经更迭，仍然遇上克蕾婷，保护她走过人生不同的阶段。

克蕾婷不是一个社会认可的好人。她的外婆和母亲都不会照顾孩子，克蕾婷可预视地延续着原生家庭的悲剧。未成年的她常常逃课、抽烟，又交了小混混男友，被利用来协助偷窃。成年后，她离开母亲去追逐梦想，结果爱上有妇之夫，活得狼狈不堪，一度自杀。被救回后，她才渐渐振作，终于看到了青梅竹马的川特一直以来对她的付出，共谐连理。虽然因为曾服用防冻剂自杀需要长期洗肾，但克蕾婷的生活逐步走向光明，成功摆脱了母亲延续下来的阴影。边缘少女克蕾婷，最终成为了心理医生克蕾婷，又在退休后成为疗养院义工克蕾婷。曾经感受不到爱的人，学会了爱，而且让更多人得到爱。老弟投胎成莫莉、迈斯、托比，在克蕾婷的每个人生重要时刻出现，成为无条件陪伴她、保护她的宠物犬，她因此有了勇气、责任、温暖，这才终于学会了爱。

倘若一个真实的克蕾婷出现在我们身边，趋利避害的本性会提醒我们保持距离。即使是青梅竹马的川特，也曾经结交女友，和克蕾婷活成两条平行线。我们不想歧视任何人，但为求自保，人类与人类之间的关怀和爱总是带有条件的。但宠物犬对人类的亲近，却往往是不谈条件的，是冲破了物种和一切缺点的爱，拯救了克蕾婷。

在新闻里的可怕罪行，比小说更疯狂恶心的时候，相信人性本善，似乎是再奢侈不过的事了。但是，即使人性可能本恶，人类社会的文明发展，不正是努力让更多的恶意被驯服、更多的善意被培养吗？在担心近墨者黑之前，是不是有人可以相信近朱者赤，用自己的爱，染红另一颗真心呢？语言难以互通的宠物犬，也可以挽回站在脱轨边缘的少女，懂得善良与爱的我们，想必有更大的力量吧。

面对自己的勇气

人与人的交往，从聊天开始，有些是面对面进行的，有些是隔着电话进行的。因此，每一个人对另一个人的印象，便是从这一段又一段的对话建立起来。在《聊天记录》里，四位主角的故事也是从彼此的对话中展开。谁和谁话不投机，谁与谁志同道合，在一次又一次的聊天中渐见雏形。但是后来，他们之间的关系却越来越不明朗，这是为什么呢？

法兰希丝和玻碧是彼此的前女友，分手后维持着紧密的朋友关系。从她们的对话、她们共同出席活动时与其他人交往的言谈，以及法兰希丝翻看她们还在一起时的聊天记录中，都可以看得出二人的性情差异。法兰希丝是一个不太自信的女孩子，因为她说话时总是小心翼翼，亦不会主动和人争辩，生病了亦不愿告诉任何人。玻碧无论面对何人都习惯侃侃而谈，对于自己的喜好、情绪、立场，也是展现得明明白白。当她们结识了女作家梅丽莎和她的演员丈夫尼克，一切都变得不一样了。她们对彼此越来越不坦白，距离也渐行渐远。而在法兰希丝和尼克的暧昧滋长中，二人也从一开始的默契和投缘，到后来猜不透对方的情绪和状况。四人的离离合合不断上映，全部隐藏在他们或短或长的对话之中，有些是电话聊天，有些是长篇电邮。作者细腻的笔触甚至连邮件用字的大小楷、段落分行，甚至每一个字眼，都精心雕琢，值得细品。

在以对话展开的情节中，可以看到每一个角色的性格和心情。正以为自己对每个角色有充分的理解时，作者又打开了另一局面，让读者发现这些角色正在对别人说谎。法兰希丝不愿面对现实，总是神化自己所爱的人；玻碧虽然为人直接爽朗，但她也有柔软的一面，并不希望自己在爱人面前充当偶像。当对话的语气、内容、密度都发生变化，人与人的关系也由此生变。法兰希丝和玻碧争吵过后，决定敞开心扉，重新回到亲密关系。但是，人心难测，谁又能保证自己每句话都是诚实无瞒呢？下一句谎言，下一次质疑，都埋藏在每一个人若无其事的对话之中。

故事的最后，法兰希丝向尼克倾诉出分手时的心情，也说出了自己患病的秘密。单凭一面之词，我们如何知道，这是她希望再次挑战尼克和梅丽莎的婚姻，抑或她真的爱上了尼克呢？真相只有法兰希丝才知道，如同我们每天与人聊天，字句之间又有多少真心，我们又有多愿意正面展现自己、面对自己呢？只有自己才知道。

假如要我定义生命

自从经历过传闻中的“世界末日”，脑海里有一个问题不停地盘旋：生命是什么？如果，突然发现，我没有明天。那么，我今天会做什么事、见什么人？临终的一刹那，是解脱、抑或留恋？又如果，生命可以用来交易，我会愿意拿自己的生命换什么呢？而，我又愿意牺牲什么，来延续自己的生命？

《如果这世界猫消失了》里的主角正面对魔鬼提出的条件：让某样东西消失，就可以多活一天，要还是不要？从一开始的电话、电影、时钟，到猫，主角一天一天回顾过去数十年的人生，也发现了生命的意义。

“活着很重要，但更重要的是，如何活着。”——这是书的封面写的一句简录，也是整个故事的中心思想。类似的话已经是老生常谈，但通过“使身边的事物”消失这个设定，令这句话变得分外具体。故事中各项消失的事物，对主角都有一种象征意义：电话是人际关系、社交生活；电影是兴趣；时钟是父亲和童年；猫是宠物以及主角和亡母的回忆。当这一切都步向消失，主角惊觉，没有了这些，他的生命就什么也不是了。原来，人的生命从来不是单独存在的，而是仗赖身边的人、事、物。通过感受空气在鼻孔和胸腔里流动，我们感受到自己的生命；通过其他人对自己四目交接、语言对谈，我们感觉到自己的生命；通过参与活动时的挫败感和成就感，我们感受到自己的生命……唯有借着空气、借着身边的人、借着我们去做某件事，才能够使我们感受到生命的存在。像人类必须借着倒影去检视自己的脸庞，我们的生命也必须借着反馈来证明它的存在。如果这些反馈消失，也就相当于生命存在的证明都消失了。明白到这一点的主角，最终选择了不要让猫消失，而是让自己死去。主角几乎肯定自己会为这个决定而后悔——谁不会呢？正如魔鬼所讲："人类总是从自己选择的人生看向自己没有选择的另一种人生，感到羡慕，感到后悔。"只是，这种后悔正是一种美，正是一种活过的证明。

在我们小心翼翼地维持生命的时候，可不可以放宽来想一想，身边一切喜怒哀乐，都是生命的证明。在快乐的时候感到心脏跳跃、面红耳赤；在难过的时候也感到胸口郁闷、口干舌燥。我们的生命，从来不能与世界划分。无论世界消失了什么东西，都等于消失了一项人类生命的证明。这样说来，根本没有什么值得刻意去取消的人、事、物。真的要消失，也应该是慢慢受到年月洗礼而淘汰耗尽，像人类走到油尽灯枯的一日。

假如要我定义生命，我会借书中主角的一句话："我了解到自己周围的事物、人和时间，这些原本以为理所当然存在的东西形成了我这个人，也是我之所以能够成为我的原因。"生命不是绝对，而是相对。

青春限定的猖狂

因为电影预告片太热情地充斥在社交网站的页面上，我慕名读了这本小说。《我想吃掉你的胰脏》一点也不血腥，而是把高中生的暧昧关系和绝症当前的人生反思交织，成为一个赚人热泪的故事。

先来说一说“绝症当前的人生反思”，这也是各篇推荐文和序言的重点关注内容。女主角樱良患上胰脏疾病，不久于人世，除了家人之外，只有偶尔拾获日记的男主角得知此事。因此，男主角成为唯一一个可以让樱良坦诚面对残存生命的人。二人的对话常常在玩笑包装下探讨生命的意义，像是：“面对死亡的好处只有一个，那就是每天都真实地感觉自己活着。”等等。故事的结局没有出现康复的奇迹，却出现随机杀人魔，樱良被杀而亡。失控的汽车、丢落的砖头、残忍的凶徒……常态中的无常，令谁都可能随时没有明天，普通人如是，患上恶疾的樱良也如是。这样的情节令人更深刻地反思人生，学习如何更坦诚地面对自己想做的事，如何更勇敢地处理那些胶着的关系，成为自己认同的人。虽然这个讯息很重要，也很受注目，但更打动我的、更贴切于《我想吃掉你的胰脏》这个名字的内容，是男女主角的关系。

故事的最后，他们不约而同用“我想吃掉你的胰脏”这句话来表达彼此的关系。我是这样看的：胰脏是身体重要组成部分，这反映二人认为对方很重要；胰脏是樱良患病的器官，这说明男主角希望疾病消失，樱良可以活下去；吃掉对方的身体部位可以被理解为“你中有我、我中有你”。的确，他们的情感已升华至“互相向往”的较高境界，但彼此的暧昧和这种境界并不矛盾。从结局中的遗书可见，樱良本来就很在意男主角，也趁机积极拉近彼此的关系。虽然最后还是以“不想用（恋爱、友情之类的）那么平庸的名词定义”的关系告终，但我还是认为，樱良对男主角的向往隐含了爱情的情愫——毕竟，如果不是喜欢，女孩子不大可能这么厚脸皮一直主动约会男生。补充一点，随着剧情推进，樱良对男主角的称呼出现了“平凡的同学”“知道秘密的同学”“交情好的同学”以及“过分的同学”等等的变化，而樱良和男主角最后几次对话中，称呼成为了“？？？？？”，这或许反映了樱良对男主角的情愫已经复杂得难以名状，但越来越自然频繁的肢体接触令我认为问号背后是亲密的称呼，而“我想吃掉你的胰脏”，也可以看成向彼此告白的一句话，某种程度上和张小娴常说的“藏在子宫里”有点相像。

樱良的积极主动让我想起自己的青春期，一度也是不顾目光、不理面子地“缠”着自己心仪的男同学。要是放在成年已久的如今，我绝不会这样猖狂，那是只有青春期的少女才有勇气做得出来的，也只有那个年纪做这样的事才会获得回应和原谅。捧着热辣辣的面孔回忆那段过去，庆幸曾有这种勇气，让我收获了片刻的心动，也让樱良在结束生命之前收获了她和男主角的心意。

与自己和解

离婚的爸爸与丧夫的妈妈结合，让本是学姐学妹的一对小女孩成为异父异母的姐妹。承受着众人目光和流言的姐妹俩，注定无法轻易交心，而性格迥异更加剧了她们之间的矛盾。

冷静理性、小心谨慎的姐姐李又又，谨慎到不交朋友、不敢表白，不愿积极争取想要的人、事、物，是沉默地活在蜗牛壳里的小学霸。大方热情、鲁莽直接的妹妹卫妍，总是不吝自己的笑容，主动争取自己想要的一切，把世俗的目光抛诸脑后。姐妹俩的性格鲜明而极致，本该互补，偏偏像贴错门神似的，自小针锋相对、你争我夺。姐姐是妹妹眼中不解风情、木讷无趣的老巫婆，妹妹在姐姐心中是不知廉耻、风流成性的荡妇。长大后，记恨着彼此掠夺了对方的亲情和爱情的二人早就分道扬镳。她们本来各有优势，享受着自己的小天地。然而，金融海啸像是命运巨轮失轨堕落的重击，好不容易建立的小世界就此破裂，她们不得不重回同一屋檐下，正视自己的性格缺憾，扭转人生的走向。

不羁的妹妹意外怀孕，终于收心养性，把从前的滥情倾注到孩子身上，成为年少的自己所渴望拥有的母亲。内敛的姐姐打开心扉，接受了突然出现的追求者，成就了她自小追求的小日子。人总有缺点，一旦和别人比较，缺点便比本来更刺眼。无法正视这种比较，只能讨厌对方，连带也讨厌自己，不能好好过活，白白辜负时日。揭开说不出口的心事，发现不过是因为对方做出了自己一直以来想做而不敢做、做不到的事情，这才把若干年的恨意越埋越深。一步一步做着以前不会做的事，这才终于和曾经充满戾气和恨意的自己和解，得到真正想要的幸福结局。

每一个人的成长过程中，都遇上过大大小小数之不尽的挫折和难关。没有人知道什么选择才是最好的，但是我们必须试着改变。像是从小到大吊儿郎当不靠谱的卫妍，怎么看都不适合当一个母亲，岂料这血脉相连的小生命会让她一朝醒悟，从此踏实过活，还发展出自己的事业呢？

我不信命运，但我又很信命运。我所信的，是命运里注定的曲折。我们注定要遇上这些关卡，不是沙士，也可能是新冠，甚或未来某一种灾难。而我不信自己的人生轨迹是固定不变的，人的选择会导向不同的结果，即使小说作者也可能被自己创造的角色带着走，更何况有意识的、真实的我们呢？每遇上一个关卡，我们就改变一次，一步又一步，我们总能够在某时某刻，把自己释放出来，得到和解。那一天来临的时候，被辜负的那些年都能被填补，幸福就在不远处。

关于“女权”

近两个世纪以来，社会一直探讨男女平等及尊重女性权益的话题。这么多年过去了，女性在社会的生存状况仍然叫人关注。《这双手虽然小》于一九九九年首次出版，去年推出简体版，但当中描绘的各个女性受虐的故事，仍未过时。

书中主角是一名记者，出发到世界各地拍摄一个新闻特辑，而特辑内容正是揭示女性受压受虐的实况。从西方先进城市的家庭暴力事件，到传统古老大国的歧视轻视风俗，回到最常见的例子：一些没有经济能力的女性被男性视作花瓶——不谈尊重、想换则换。不论肉体上抑或精神上，女性在每个事件中都是可怜的受害者，使女性读者分外心酸，也分外有共鸣。

在主角采访的个案之间，分别穿插着男性和女性对女性地位的不同看法和态度。先看男性，本以为此书会一味暗讽男性，或将其形容得极其沙文，甚至十恶不赦，但求为女性出头，然而却非如此：

这时，她向警长提出一个问题：“为什么全体遇害者都是年轻女工？男人呢，男人除了在半途劫杀她们，还做些什么？”警长过了片刻，才轻声答：“还有做无力破案的警察。”

类似的对话和情节在书中并不少，出发点雷同，表示男人也分两种，一种不懂善待女性，另一种为女性感到不甘，希望出一分力。或许较常看到男人伤害女人，但不是所有男人都会这样做。

再看女性方面：那个被亲父及亲兄弟开枪射伤及毁容的女子，明明知道自己受屈辱，却从未想过要指控他们，因为觉得反叛礼教、使家族蒙羞是弥天大错，而且作为子女不应指控父亲；那个少妇在大街上指着几岁大的亲女大骂其“赔钱货”，顷刻间，好端端一个伶牙俐齿的小朋友连眼睛都不敢眨……种种例子，根本能以“最看轻女人的往往是女人”这句话来总结。这说明了什么吗？说明女性被轻视，缘由可能并不来自异性，也不来自社会其他界别，而是因为自己。历经多种虐待，仍希望对方会反省、保护自己，却没有尝试站起来反抗，可见女性有多么看不起自己。所谓“所托非人”，难以理解的是，为什么要托人，而不托自己？

当然，我相信，这种“靠自己”的价值观，也是争取女权后的成果之一；我猜想，在书名的“虽然”后面，隐藏了一个“但是”——虽然女性的手比较小，但这始终是自己的手，要撑起半片天抑或一片天，就看自己的手有多勇敢了。

何谓平等？

兴许是年纪大了，有时候，阅读可怕的统计数字，比阅读细腻的故事情节更令人心惊胆战。又或许，因为那些情节不过是天天经历的生活日常，而那些冰冷的数字，却是残忍地指出，这些日常多么不合情、不合理。

《82 年生的金智英》便是这样一部小说，每个章节都插入一段残酷的数字，例如当地女性的升学数字、薪金水平、担任企业管理层的比例，以及辞职成为家庭主妇的人数等等。这些数据，以一篇小说连贯，女主角金智英，上有姐下有弟，大学毕业，工作能力不俗，产后为了照顾女儿而辞职，丈夫独力支撑家庭，虽不富裕，却也足够度日。就此看来，金智英的生活没什么可抱怨的，然而，全职主妇的状态令她倍受压力，精神出现问题。

故事以倒叙法细述了金智英的成长经历，比方说，被长辈要求无条件照顾弟弟，为了家人的喜好放弃某个升学或就业的选择，在男性同学或同事面前听着游走在黄色边缘的笑话……倘若不是如此具体刻画，同为女性的我大概也不会意识到这样的经历有什么问题，毕竟，我和我身边的大部分朋友，都在这样的环境下成长。而这样的环境、这样的对待，明明是针对女性而为之。如果是两兄弟，长辈很少会要求哥哥给弟弟做饭洗衣教功课；如果是儿子，家人通常鼓励他做自己想做的事；如果没有女性在场，那些黄色笑话不会拿现场的任何一个人取材。

这样一想，便看出差别来了。

这部小说的残忍，在于它只滔滔不绝地陈列出这些现实，而没有给予读者任何奢望，连金智英是否好转也没有交代过片言只语。但是，作者写到，为金智英诊症的医生，扼腕叹息之后，在收到自家诊所的怀孕女护士的辞呈时，暗暗下了决心，尽量聘用男员工，省得之后麻烦。这样的故事结尾，在我看到联合国报告指出韩国性别平等指数为全亚洲第一时，成为了最苦涩的笑话。

读完这篇小说后的某一天，我和弟弟在家里，有一搭没一搭地聊天。他突然说，他很讨厌孩童，尤其男童。他恨恨地说："每个长辈都会围着男孩子，不停逗他说话，好像男孩子安静一点是有错的。他们也从不让男孩子哭，要么哄要么骂，就是要把眼里的泪水迫回原位，不让落下。我很讨厌这个画面，所以我很讨厌看到孩子。"我本想争论，他实在不知道女性的苦况，但刹那间转念一想，拍了拍他的肩，以示安慰。这一年里，我无意之中读了许多以性别平等为题的读物，有时会自认为"女权主义者"。但是，女权主义是不是等于"十四巴港女"？是不是等于那些要掌握家里所有收入的"母老虎"？书的后记引用了艾玛·华森在国际妇女节说过的一句话，我很认同："女性主义从不等于厌恶男性，举凡相信平等的人，都是女性主义者。"我看了看眼前这个比我高一个头的大男孩，我从小被迫着要照顾他，但他也从小被迫着做许多我所无法体会的事。我们的祖辈压榨着我们的父母，我们的父母压榨着我们，从一九八二走到二〇二〇了，我们是否可以摆脱这种压榨的传承，让下一代、再下一代，不再为性别的标签而失去世界的美好呢？我期待着。

谁是女神？

女神本来意指“女性的神明”，例如女娲、雅典娜等。后来，“女神”一词被广泛使用，引伸为“梦中情人”或“达到某个美好标准的女性”。而《女神门》则书如其名，教女读者进入“女神之门”，成为女神。

故事是关于一个温柔却胆小，敏感而不活泼的女孩子——云晴。她不突出、不受宠，身为小姐却常与下人一起在厨房干活。小时候，她因意外瞎掉左眼，更被老祭司取走该眼球做活祭用。她忠诚地爱着柏沙拿顿，但柏沙拿顿却另爱他人。云晴试过自杀，却被年轻俊美的玛阿特祭司所救，对方逐步教导她打扮自己、培养专长，成为颠倒众生的一代“女神”……

作者深雪借玛阿特祭司这角色，向读者传达“女神”的标准：有勇气面对自己的缺点，有自信令缺点成为优点。云晴不再瘦弱貌丑，因为她面对了自己独眼的缺点，换上亮丽夺目的新眼罩，化腐朽为神奇；云晴不再自卑无用，因为她找到了自己的兴趣，努力锻炼钻研，发展出独有的烹饪专长；云晴不再羞怯懦弱，因为她有自己的成就、朋友圈子以及生活重心。

在结局里，云晴离开了“已经到手”的柏沙拿顿，与志同道合的伙伴踏上旅途，寻找理想。这个结局或许不是所有读者都满意，却明确地展示出作者鼓励女性自强的中心思想。的确，爱情不是女人的所有。女人也是人，也该和男人一样有独立生活，而不只是男人身上的一根肋骨而已。

故事中最让我感触的，是云睛每天面对镜子说服自己建立自信的一段。对镜呐喊似乎是很愚蠢的行为，却说明最深切的道理——努力中的艰辛只得自己一人承受，努力后的果实只得自己一人享受，应该被说服的也就只得自己一人。

诚然，玛阿特祭司为云睛准备锦衣华服，也为她奠定事业基础，更一直为她出谋献策。只是，云睛必须敢于抬头走路，穿上的华服才能吸引人；她必须用心经营，事业才得以稳固；她必须将各种主意落实执行，才会有结果。

对镜呐喊的方法，是玛阿特祭司教她的，但只有云睛自己去做才会有效果。这像天地间所有事情一样，唯有自己才能帮助自己，唯有自己才能说服自己。像某个著名科学实验：科学家用布条蒙住某人双眼，然后用笔往手腕刺了一下，再以温水浇在手腕上。某人毫无伤口，却以为血流成河，活生生被自己吓死。

因为深信自己受了伤，所以无缘无故也能吓死自己。反过来也有这样的情况：明明已经遍体鳞伤，却深信自己能遇上生存的奇迹，说不定也就能够活下来了。由此可见，“相信自己”，无论任何时候都是“致命性”的关键。

读毕全书后，也进一步了解何谓“女神”，何谓“达到某个美好标准的女性”。这个标准是丰盛的人生，所谓“女神”，便是有能力为自己创造丰盛人生的女性。云睛不再因独眼而自卑，也不看轻自己对烹饪的热诚和天分。她努力、勇敢、自信，所以她后来变成了“女神”。每个女性只要努力面对生活，勇敢克服困难，自信地走好生活中的每一步路，便有条件成为“女神”——不因外界的标准而活，而是创造自己的标准，让世人去迎合自己，便是“女神”。

女孩只是要些乐趣

八十年代的美国女歌手辛蒂·罗波（Cyndi Lauper）有一首脍炙人口的歌曲，叫作《女孩只是要些乐趣》（*Girls Just Want to Have Fun*）。这首歌写出一个女孩子渴求自由、向往冒险的心情，而我却喜欢断章取义引用那句“女孩只是要些乐趣”，来表达身为女性有多么不容易。

《文艺女青年这种病，生个孩子就好了》写的也是这样一种心情：在社会责任和家庭责任的夹缝中，女性面对各种新旧价值观的冲击和指责，寻求自己的生存乐趣——还不过是乐趣而已，没有那么高大上的寻求意义。

用最“粗暴直白”的表述，偶然搭配文艺腔调，这本书道出了一位妈妈作家面对的种种困难和痛苦。身为一名女性，从知道生殖系统开始就会思考要不要生孩子的问题。毕竟，这是普遍女性独有的生理功能。有别于“女人生个孩子才完整”或是“女人就该为自己而活”的两极论调，她既不推荐人们多生孩子，也不鼓励大家不生孩子。她只是从过来人的角度，最现实地说出种种生活片段，给诸位读者一点心理准备——生，或不生，都很好，只要心态好。

其中有一段是这样的：生命不是权利，而是义务。在某一刻你会觉得辜负了它。你本该让生命更自然、快乐、健康和多彩，可是没有。此前大多数时候，你茫然无知，潦草度日，仿佛有无数个明天可供挥霍。如今一个崭新的生命摆在你面前，告诉你人生过半，来日无多，但同时他仿佛又是一个自我救赎的契机。他有新的肌肤、新的眼神、新的头脑，好像你可以在他身上再活一次，可你又知道这个带着你基因的小东西，最终不是你，而是另外一个人。

这一段堪称此书中的“文艺腔”经典段落，用上了各种文学作品的词藻去写出“一个妈妈把延续生命的寄托加诸孩子身上，然后又不得不提醒自己让孩子去过他自己的人生”这种矛盾心情。至于“粗暴直白”的表述实在太多，包括“熊孩子真的当街就能把奶给捞出来”“给我剖了吧，老娘不生了”等等，这里分享一个“粗暴直白”的观点：人不是爱的动物，人是经济的动物……永恒的爱不能洗干净屎孩子，歌咏人类的孤独也敌不过夜夜起三次喂奶。日子一厘米一厘米往前熬时，只有钱从来不曾辜负我，它换来月嫂帮我忙，换来奶粉弥补奶水不足……我自问非常喜欢这种“粗暴直白”。我并不是说“爱没有用，金钱至上”。而是，爱只负责解决心理上的问题，正如钱只负责解决实际生活上的问题，各据一方而已。

整本书读毕，可以发现，妈妈的故事，不过是其中一名女性的故事。随时会发生在我们自己身上。更重要的是，有些忠告和心情，不是妈妈也同样体会。比方说社会对“男女平等”的解读，比方说长辈对“女性权益”的看法，比方说地区之间的价值观不同，这种种令“女孩只是要些乐趣”这个愿望变得异常卑微。亦因如此，女性更要认清事实，知道世道艰难。与其文艺地哭诉自己的不如意，盼望拯救自己的白马王子，不如挺起胸膛当个女汉子。作为妈妈，不，作为女人，你天生就该一个人去战斗。女孩所要的乐趣，敬请自行争取。

母爱不是与生俱来的

澳门早前出现一宗弃婴案，年约二十九岁的母亲自行产子后将婴儿丢弃。调查后发现，她尚有一女，由前男友抚养，这新生儿非她的现男友之子，却又没有揭示生父是何人，复杂的关系加上无辜的儿童，叫人心酸又生气。

什么人会舍得把孩子丢掉呢？这个问题在我脑里盘踞良久，然后我读到了《抱歉，我讨厌我的孩子》。或许，这个问题应该修正成：发生了什么事，才让人舍得把孩子丢掉呢？

此书分有四部，各说一段母与女的故事。第一部讲述主角被重男轻女的夫家冷暴力，备受压力之下精神崩溃，饿死了自己的孩子，更被社会指责是“杀婴魔女”，最后在狱中自杀。第二部的主角是一对家庭背景和人物性格各异的初中同学，在不同的情况下未婚怀孕，得不到母亲的照顾和保护后，各自走上无法回头的路。第三部关于被母亲严密看管的女儿，如何活得喘不过气。第四部则把所有故事串连起来，叫读者发现她们彼此的关系——全是悲剧的轮回。

这些故事的时间背景各异，但都遇到同一境况：性教育和父亲的缺席。面对澳门弃婴案，社会的第一反应仍是“女孩子没有好好保护自己”，但中间发生了什么事？那个“经手的男人”为什么可以继续隐形？同一屋檐下的现任男友又是如何对枕边人“视若无睹”？这一切问题并非要为那位母亲开脱，她自然有不对的地方，但她不是唯一的罪人，更重要的是，她有没有可能同时也是受害人？如果这名新生儿来自一个悲剧，身为诞下他的母亲，是不是必然要爱上这名孩子呢？

人性本善，皆有恻隐之心；人性也本恶，与生俱来便贪得无厌。人性如此复杂多变，为什么可以斩钉截铁认为母爱是人之本性？试想想，一个从未见过面、从未相处过的人，踩着自己的生活来成就自己的生存，被踩的人如何无条件去喜爱这个人？母亲怀胎十月，历经各种大大小小的身体不适，生育时又需冒生命之险，不正是如此吗？但出于所谓的“母爱”，母亲们对此百般忍耐、甘之如饴。做得到的母亲们当然伟大，但做不到的母亲们，是不是就活该被世人指责谩骂？她们是否可以在自己和孩子的存在中取得平衡？而那些还未准备好的母亲们，是否可以获得家人和社会的支援，好让她们找到这份平衡？

丢掉孩子是不对的，但是没有爱上这名孩子不是罪。生而为人，先学会爱自己，才给自己机会去爱别人，即使那个别人是你的孩子。

恶的本质

去年这个时候，我刚看完台剧《我们与恶的距离》（下称《与恶》）。这出剧从预告面世到播毕一个月，都引起网络热话。以2014年郑捷无差别杀人案为蓝本，加入网络舆论、传媒责任、加害者及受害者家属生活等多方面描写，短短十集的电视剧带来极大的社会回响和公众反思。

然后呢？

一年过去了，随着剧集的热度下降，我们与恶的距离是近了还是远了？抑或根本没有丝毫的改变？我打开这部《创作全见》，从中得知创作团队以及主要角色演出者的想法，《与恶》由准备到拍摄的过程，以及整出剧的分集剧本，以更现实的角度重新了解这个本来就从现实出发而写成的故事。

疗养所里的人仍然苦苦生存着，因为资源缺乏，康复几率低的精神病患者或许早早就被放弃。而无法在疗养所里得到照顾的患者，只能承受着旁人的不理解，直至撑不下去为止。书里强调，旁人自以为是的保护，可能会造成另一个伤口。这些病患不应受到歧视，世人该学着如何放下有色眼镜，去了解去陪伴去包容。这显然是我们需要学习的重要课题。但我大胆地进一步设想，这些病人，是如何成为病人的呢？《与恶》里的应思聪，从一个拥有大好前程的优秀新晋导演，逐步走向思觉失调，难道不是因为日常那些若有若无的恶意吗？

体谅病人固然重要，这里却有一个思考盲点，人已经成为病人才终于得到体谅。然而人类是否有足够的善意，让一般人都能够得到体谅，好提早回避大家成为病人的可能性呢？在日常生活中，我们去打趣某个内向不合群的同学，我们拿某个性情不合的同事开玩笑，我们在网络上用令人不快的措词去指责我们所不认同的人与事……这些看似无伤大雅的行为，便是日积月累的恶意。有时候，这些恶意还被裹上正义的外套：是对方没做好在先。然而，当每件事都有不同的观点与角度，每个人都有自己的个性和难言之隐，这样的“正义”本质上和歧视精神病患又有何分别？在“玻璃心”的指责遍地开花之际，有时会忘记了，我们不过是为了生活咬紧牙关，不代表我们坚硬如铁。人心本由肉造，易伤易痛才是本质。

犹记得，剧集的结局是加害者和受害者亲属进行一系列会面，在专业人士的陪同下，借着坦诚对话为彼此疗伤。这个结局美好得虚伪，让本来哭得死去活来的我一秒出戏。如今想来，这个结局正是一个愿景，祈愿在与生俱来的灰色恶意中习以为常的我们，可以有意识地洗白这个世界。一次悲剧还不足以扭转乾坤，但人类既然克服了那么多天灾人祸而繁衍至今，想必也能够一步一步推着自己走离恶意。年复一年地，一次次地重看《与恶》，或是其他同类型的作品，以悸动和泪水敲一敲心底最柔软的地方，好提醒本质里善恶兼容的自己，更善良一些。

谁的人权

“我哥是杀了很多人，但我和我爸妈连活下去的权利都没有吗？”那年看过《我们与恶的距离》后，开始思考“加害人家属”的立场。受害人的悲凉通常最是无辜，大部分人的第一反应都是受害人的家属该有多伤心。谈及加害人，总是罪有应得的，但其背后的家人又遇到什么境况呢？铃木伸元引经据典、翻查卷宗，甚至直接去信联络加害人家属进行访谈，向公众揭示这群加害人家属的生活和心情。

加害人家属至少分有两大种类，一种是和加害人犯案有关的，比方说父母管教不严或过激，孩童时候得不到家庭温暖，又无法培养出积极正面的价值观，于是走上不归路。另一种则是和加害人犯案无关的，例如被蒙在鼓里的妻儿。《加害人家属：不能哭也不能笑的无声地狱》写出了无数故事，两种兼备。妻子为了犯罪的丈夫，带着儿子搬家再搬家，改掉姓氏后还是天天担惊受怕，时刻怀疑一无所知的自己是不是也有若干责任。年仅十四岁的加害人还有两个弟弟，父亲为了保护无辜幼子深深受压，但他连被害人的名字也不知道，从未考虑过受害人家属的心情。什么样的家属都有，很难一概而论，然而怎样的对待才是合适的对待呢？受害人家属需要经历媒体采访、网络失控舆论、社会曝光等遭遇，加害人家属亦身陷同境。一宗案件的背后，原来是两个家庭的悲剧。加害人已遭到法律的制裁，使家属们也活得惨不忍睹，制造出更多悲剧陪葬，有助减缓伤痛吗？如果无助，又该如何？

作者在书末一章分享了世界各地为加害人家属而进行的措施，同时却强调自己“没有意思要高声主张加害人家属的‘人权’”，只认为让大众了解是有意义的。我却反而深深思考这两个字。以功利角度分析，人权并不只是使每个人都得到尊重，更助益于社会的稳定。一个人和社会越是亲密，越是得到爱和尊重，就越是珍惜生活，不肯轻易脱轨；反之，越有机会走上不归路——因为他没有什么可失去的，也就什么都做得出来。因此，协助加害人刑满后回归社会如此重要。对待加害人尚且如此，加害人的家属难道不应该也给予一条生路？人权二字背后，不过是一线生机。在封建时代，总有人认为罪犯的孩子都会走上犯罪的路，却忘了回头想想，因为光明的社会不接纳罪犯，也不接纳其家庭。背负了加害人家属的身份，不能笑，因为自己的家人把别家害惨了；不能哭，受害人家属更无辜，轮不到自己哭。这样的情况让社会上更多活在边缘的家庭，这些家庭里长大的孩子，又该如何面对未来的人生呢？他们只能躲在暗黑的角落，以非社会主流的方法活下去。倘若社会在惩治之余也有爱和包容，让他们不至于走投无路，或许新的人生就在眼前。

做一个全新的人

看毕网上热播的《隐秘的角落》，急不及待把原著《坏小孩》读毕，两者的差异堪比当年的《情深深雨蒙蒙》和原著《烟雨蒙蒙》——剧集美化得太多了。

《坏小孩》里的三个主角小孩，都来自不完整家庭。朱朝阳父母离异，丁浩和夏月普的父母则是因为杀人而被处死刑。在孤儿院长大的丁浩和月普，不是打架就是和别的孩子起冲突，是传统意义里的坏小孩。朱朝阳刚好相反，成绩优异，自觉照顾自己起居饮食，除了和同学们相处不来之外，基本上是师长眼中的好孩子的榜样。三人意外拍下张东升杀人的视频，从以物易物逻辑里本能地学会勒索。豺狼般的杀人犯张东升与小猪般的三个孩子的多番谈判，刻板印象引导着读者以为父母双全的书呆子朱朝阳应该最天真最乖巧，但结局偏偏颠覆了这个角色设定。身型最强壮的丁浩、时刻警惕沉默的月普，都在日渐相处中放下了戒心，最终不明不白地跳进了张东升挖好的陷阱，还被朱朝阳的一本日记掩盖了短暂生命里仅有的清白。到底谁才是真正的“坏孩子”呢？

看到朱朝阳日记里的内容，我的心跳得比看到前文每一个杀人场景时都要快。三个孩子相处的每个小细节，朱朝阳都能够细心记录、逐一改写，我的背脊一下子就爬满冷汗：为什么孩子能够如此淡然地看待杀人这件事？

生命的珍贵，对于日常生活只有测验考试的孩子而言，其实很模糊。但每一句说话、每一个动作所带来的观感，却是直接而鲜明。当为人父亲的朱永平提出用一万元要朱朝阳忍下被当街淋大便、辱骂、殴打的伤痛，那么朱朝阳雇凶弑父的决定也似乎很合理。这不过是一种另类“身教”，身受其害的身、反面教材的教。

前刑警严良最终还是识破了朱朝阳的谎言日记，他有没有告发这个孩子呢？结局没有点明。我猜没有，我也希望没有。在理，朱朝阳未满十四岁，他无惧地犯下的所有罪行，都是因为他清楚知道自己受未成年人保护法的庇护。即使严良告发朱朝阳，也不过是到少管所接受教育，无法实践所谓的法律惩治。在情，严良想到朱朝阳日记里的一句话：“好想做一个全新的人啊。”这也是书中最打动我的一句话。似有还无的爸爸，痛恨爸爸的妈妈，贫穷、自卑与孤独久积不散，过去十多年以来，只有一张张奖状让朱朝阳苟且存活。名正言顺地摆脱了爸爸和贫穷，让妈妈可以不用为了工作远离自己，朱朝阳这才有了机会去接触爱的样貌。告发他，等于断送他这个机会，他将一生一世无法抛开这九条人命在他肩上的重量，从此抬不起头来。他已是唯一的幸存者，何必让他生不如死？

青春期的孩子，都有一点幸灾乐祸的倾向，例如我。只是我比较幸运，生来就拥有父母的爱、老师的信任、朋友的陪伴，我对世界有很多期许、很多眷恋。正是这些期许和眷恋，使人性里的善紧紧挡在恶的前面，让我闯不出什么大祸。然而，故事里的孩子们却没有那么幸运，他只得亲手为自己重写人生，这才成为了“坏孩子”。大人们常把孩子比喻成小树苗，期待他们长成参天大树建设社会，那么已经立在社会上的大树们，可以给他们多一点养分，让他们有机会朝着太阳扎根成长吗？

疫情下的日常

新一轮疫情突袭澳门，越是如此，越是想找些和疫情相关的书来看，于是在线上图书馆找到《那一年，那些没人说的故事》。此书以2020年疫情初期的台湾为背景，细述几则生活故事，说一说当中的职场冷暖、生离死别，以及不同视角下的防疫意识。

彼时全球开始推行居家工作，作者所在的公司也不例外。然而，如同之前的“放弃生理假声明书”“女性夜间工作声明书”等一样，员工不得不签下“居家工作同意书”，将本来法律规定应由公司承担的责任，签字同意由自己承担。为了饭碗，可怜的社畜们没有拒绝的余地。

当然，有一批人更可怜，他们在疫情的冲击下直接失业。疫情下失业是无妄之灾，众人多是深表同情，连政府也积极推出政策帮助市民进修再就业，社会尽可能提供温暖与爱。同样是失业潮，想当年作者的父亲因为经济不景气而丢了饭碗，再投身职场也只能退而求其次，加上彼时大男人枷锁极重，失业汉这三个字带来的压力非同凡响。疫情下失业，似乎比其他时候失业，来得幸运一点。

而最可怜的，莫过于性命不保。除了因感染疫症而离世，许多生命亦间接受其影响。家中长者体弱多病，每次急救都属千钧一发，但若出现呼吸道症状，则必须等候新冠肺炎核酸检测有结果才可做下一步治疗安排。在全球大流行的疫症当前，谁都没有例外。因此被拖延的治疗安排，是否足以让老人家多活一会儿，也无从稽考。临别的最后一面是很多人的慰藉，只是，同一个原因阻止了这最后一面，既造成不可追忆的遗憾，又为祭奠仪式中的各种不顺利给了恰如其分的解释，叫人说不出心里是何种滋味。

本是许多打工仔期待的居家工作，写下来通篇血泪；貌似颓丧不已的失业浪潮，却又看似不算太坏；亲人失救离世而未能见到最后一面，接续是宗教仪式下的啼笑皆非。各种形形式式的故事尽在书中，在此仅举数例。作者似乎刻意用出其不意的思路来写下这一则则疫情下的故事，好让读者的情绪不大悲也不大喜，反而能够冷静地观看这些共鸣。抗疫之路走了两年多，许多时候都被数字麻痹了神经，刹那间忘却那背后是一条又一条鲜活的生命。日常躲不过的糟心事，疫情下被放大、也被模糊，而安身立命的唯一方法，或许就是提醒自己，那些故事是如何发生的。

学会逃跑

一口气把《不干了！我开除了黑心公司》读完，重重呼出憋在心底的浊气，这才把电子屏幕关掉，回想起那位极为重要的朋友。

她是朋友间的才女兼学霸，毕业不久就找到自己喜欢的工作，工作性质和内容都是她想要的，我们都替她高兴。然而，她渐渐缺席于我们的每月聚会，一年大约十次聚会，她只能来五次左右，即使约会的日子选在她的周休日，她都可能因为突然收到公司来电便回去加班。她的脾气、容貌、言行，肉眼可见地产生变化，叫人担心。我们都劝她放松些，但责任心紧紧绑住了她，终于到她狠心离职，才慢慢回到活泼开朗的样子。如今她在新工作里还是会加班，但她找我们喝杯咖啡喝杯酒，抱怨两句，说着说着松弛下来，结束的时候已经重新扬起精神的笑脸，不像以往那般令人担忧了。

谁的上司不施压？谁的工作不劳累？这句话不是风凉话，我们的每月聚会都是抱怨工作里的大小事。然而，谁能够平衡生活，忙得焦头烂额后还能在工余的时间里谈笑风生？谁陷入万劫不复，日日夜夜只有工作其他都没了？这不是能力的问题，是我们怎么对待自己。

从小到大，亚洲地区的教育都叫我们为大家着想，把自己放后点、放轻点；也叫我们要迎难而上，坚持到底，不要轻言放弃。但是，谁都没说清楚，这坚持的尽头在哪里，我们又要把自己放到多后。书中的主角隆，就是一个对自己很有要求、常常质疑自己、不敢放弃的人。他的经历和我的才女朋友几乎一样。幸运的是，他也和我的才女朋友一样，有朋友锲而不舍地约他，陪他喝酒聊天，把他自抑郁的边缘拉回来。

从前的我并不懂，不过是一顿烧烤一杯啤酒，又凭什么挽救一个过劳抑郁的上班族？然而，重点从来不是那顿夜宵，而是让自己脑里想的不是工作内容和质疑自己的能力，而是找到倾诉的出口。一直不说，就像喝水不上厕所，只会憋在体内；唯有定期宣泄，才能恢复正常。这么简单直接的道理，我们却很容易忘记。小时候特别不喜欢自己抱怨，如今反而坦然，或许我也学会让自己的焦虑和抑郁逃出体外了。

近年越来越多以过劳工作为题材的小说，这只是其中一本，但它的特别之处在于采用双主线。主角一方面改变自己，从自我质疑走向越来越好，另一方面追查突然出现救了自己的朋友的真实身份，原来牵扯出另一个过劳工作、抑郁而亡的故事。离开了的人已经无法挽回，但这种悔恨化作力量，帮助了更多不敢逃跑而把自己追到天台一角的人，也算是一份慰藉。

假设诅咒真的实现

光看书名，以为这是和《我要准时下班》和《我想吃掉你的胰脏》相似，是触动人心的热血故事。事实上，《今天天气不错，我打算把上司干掉》由三则灵异感满满的故事组成。三位主角分别在不同的公司工作，受到上司的蓄意欺凌，被工作量和语言暴力压得喘不过气。主角们对上司的不满日渐累积，终于忍不住私下诅咒。本来只是一心发泄，没想到这些诅咒竟然成真！神奇的是，这三人分别和一座切断缘分的神社有关系。或许冥冥中有神灵希望将主角们救出生天，但是杀了始作俑者，是不是等于解决问题呢？

加古川玲美因为上司的刁难，天天工作到夜深，失去生活，失去男友，心情极为沮丧。有一天，她想，要是能够在无人知道的情况下把上司干掉就好了。为此，她还跑到切断缘分的神社，在绘马上写下愿望。其后，她真的把上司干掉——在梦中。然而，现实里上司也真的被杀害。

荻原麻里子在沉重的工作压力和掉进上司陷阱的情况下，有了轻生的念头。就在几乎成功之际，妈妈为自己求来的、来自切断缘分的神社的除厄护身符突然自怀中掉出来，同时收到妈妈来电，她才清醒过来。这才发现，本来打算上吊的位置，根本没有横梁。

相马菜菜和同事们在共同文件中发泄情绪，言辞间少不免诅咒上司。有一天，文件出现神秘“预言”，所有诅咒一一应验。上司即将被神秘杀害之际，同事们集体奔回办公室，把文件删除，上司就此逃过一劫。

为什么同类的背景，走向不同的结局？

加古川没有找人倾诉，而是独自陷入痛苦。她的同事们明明也暗自到神社许愿，却在人前装作和上司很友好，最终让诅咒实现。荻原本来不想令妈妈担心，但猝不及防之际收到电话，她忍不住倾诉，于是“讲完电话的时候，笼罩在我心里的绝望已经完全烟消云散”。相马和同事们由最初的同仇敌忾，到最后相互扶持，人性的温暖冲淡了心底的恶意，这才挽救了那条生命。

故事结构简单，但文笔细腻，气氛十足，让半夜阅读的我心惊胆跳。单从读小说的角度，一个比一个讨厌的上司，居然没有得到让人大快人心的惨痛结局，着实失望。但如果想象那些都是真人，又庆幸那些诅咒未能实现，社会少了一场悲剧性的人命伤亡。三则故事看似没有关系，事实上从“成功杀害上司”开始，读者情绪已被带动。接下来，作者没有逐一把无理的上司干掉，而是呈现另一个思路，让被压榨的下属员工们离开不合适的职场，真正拯救自己。

过劳工作在现今社会越发普遍，内卷或躺平似乎都不是理想答案。好不容易从“情绪勒索”中逃脱的我，有时也怀疑自己是不是不够成熟、不够努力。感谢遇上这本书，我想通了。自己够不够好并不是重点，职场出现这种情况本来就是错，离开它，才有办法证明自己的能力。愿所有为此苦恼的人，都找到倾诉的对象、温暖的人心、逃离的出口。

恋殖

“恋殖”二字，近年在港澳地区萌出芽来，偶然迎风生长。在政治敏感的目光下，恋殖情怀似乎是一种崇洋媚外的心态使然的不智情感，是旧殖民地人民独有的情绪，是对原属国不尽忠的背叛。然而，殖民地身份对原居民而言，是政治意义大，抑或文化意义大呢？唯有弄清楚这个问题，“恋殖”才不会被扭曲，而恋殖的人民的心，才会被体会、被明白。

《恋殖世纪》便是以“恋殖”为题的书，但它写的无关政治，而是以食物、雕像、地方、物件、文化和制度六个方面来刻画七十九项港澳独有的殖民遗物，从中纪念港澳的殖民历史，也让读者重新认识这些常见的事物。

在我看来，被殖民期间，港澳市民受原属国和殖民国的双向文化的共同熏陶，形成了崭新的、独一无二的一种殖民地文化。而脱离殖民地身份后，环境改变、时间洗礼，令这种特殊的殖民地文化受到冲击。这种冲击可能去芜存菁，也可能淘汰美好，而多情人民便心生怀念，对往昔种种投射一丝珍惜和眷恋。所以说，恋殖是眷恋因殖民而生的独有文化，而不全然是殖民地这个身份。

而《恋殖世纪》这本书的切入点，恰巧证明了上述的观点。

诚然，如不是殖民地这个身份，是没有殖民地文化这回事的。然而，刻意区分两者，是因为我不希望单纯的“念旧、恋殖”的情怀，会被简化、激化为“反特区、反回归”的政治立场。作者在序中为自己的书界题:“恋殖”实质也是建基于对现况的不满，继而产生出的一种美化虚幻。虽然作者刻意不从政治角度讨论“恋殖”，但字里行间却时时透露感叹，而这些感叹跟政治维持着一丝之隔。比方说，将大紫荆勋衔体制和太平绅士制度做比较，防暴警察不只对阵重犯更面对寻常市民，高楼大厦拔地而起致令“西湾已死”，观音像前地满布赌场酒吧……相关的语句只偶然在篇章末端淡淡出现，且通常以问句形式出现，不为现况做结论，但求读者有反思。

看毕全书，我发现，恋殖的“殖”，只是其次，重点在“恋”。作为土生土长的港澳儿，对于这片土地、对于这些每日可见的事物，我们有没有投放过真诚的爱恋？是否真的耳熟能详？华士古为什么叫华士古？蓝白相间的石仔路有何含义？蛋挞真由港人发明吗？一件又一件殖民遗物、一段又一段殖民故事，在本世纪信息万变的洪流之中，还能够占一席位吗？在讲究多元发展的今时今日，真正由港澳独有的与别不同居然不受重视、渐渐湮没，而最后可能一丝叹息也未得到，就已经悄然而去。如果，在这一切都消失之前，社会发展仍然未能好好将它们捧在心中，那么，曾经有人用文字和图片为它们留下印记，也是好的——这是我推荐这本书的最大原因。

念旧而不怀旧

谈起过去，人人态度不一。有些人云淡风轻，有些人耿耿于怀；有些人忆苦，有些人思甜。无论态度多么不同，有一件事不变——人人都会谈起过去。虽常言道：过去了的就随它过去。但人类总无可避免地提起过去的种种。即便是十六七岁的孩子，也喜欢老气横秋地诉说自己的儿时故事。这种习惯，不但从未褪色，更随着人的岁数增长而越来越浓。

《念旧：给那些像消失了的》记载的是属于过去的故事，作者将其分成“旧物”和“旧事”两辑。那些“旧物”和“旧事”，便是在故事主角身边日渐消失的东西。然而，引用作者后记的话：在怀念的同时意向性也凝聚那些旧事旧物，透过了种种想象把它们再赋予另一种意义生命，旧事旧物即便在当下的时空范畴消失了，却从某个意义网络中得到另一种形式的存在，它们并没有真正地“消失”掉——这也是书名来源。

虽然各篇故事按“事”与“物”来分篇，但我认为两者都离不开“情”。过去的事与物之所以被人类念记，往往因为存在了情感的联结。如果你不是天天光顾街角的小吃店，你也不会特别舍不得它离开。小吃店的食物好吃与否不是核心，核心是小吃店的存在“陪伴”了你上学上班这些时光。这份“陪伴”，是人类的情感投射。因为有情感，所以被念记；因为被念记，所以那些被年月洗礼、淘汰的旧事旧物，在物理意义上消失了，却又长存在记忆中，似散未散。因此，即使描写的是旧事旧物，所呈现的仍然是旧情。

港澳在过去十年的飞速发展，正无可避免地淘汰一些充满回忆的旧事旧物。因此，《念旧：给那些像消失了的》也分外容易获得读者共鸣。但此书却有别于市面上、网络上那些一味追捧“以前比现在好”的片面论调。过去不一定全部都是美好的，也有数之不尽的行差踏错，例如《云吞面家》的主角误解了辛勤工作、坚持原则的父亲，例如《公道》的主角没有站出来为朋友解围、讨回清白。书中各主角的自责和追悔的态度，令故事蒙上一层悲凉的味道。这些不完美的过去，恰恰说明了作者对“念旧而不怀旧”的立场：念旧，并不是怀旧。这里的“旧”并没有青葱纯真，更没有黄金梦幻般美好，却有朋友间的出卖和亏欠、室友间的约定和欺骗、家人间的依恋和执着。怀旧是把过去看成黄金般美好，念旧则只是单纯的念记，念记这生命中的每一段曾经。

读着这本短篇小说集，我像在读一本日记。它记载了回忆中最叫人面红耳赤的过去，叫我重新面对那个成长中最丑陋的自己。与其借着距离产生美，自欺欺人地相信旧情最好、旧事最美、旧物最佳，倒不如承认：旧时并没有那么美好地收场。忆起好的，便微笑；忆起坏的，便叹息——面对真实，真实面对，不必怀旧，念旧足矣。

我们身处的魔法世界

绝大部分的九〇后，都是和霍格华兹里的孩子一起长大的，我也不例外。每年暑假必看《哈利·波特》电影，直至八集（七集分了上下两集）电影结束了，我开始建立起每年翻看一次的习惯。

沉浸在电光幻影里，像是把自己藏进魔法世界。小时候觉得，有隐形斗篷、飞天扫帚、变身药水和魔法咒语的世界，比枯燥的现实生活美好得多。长大才发现，两个世界都有善和恶的斗争，这些斗争往往不是非黑即白那般明确，而是像深深浅浅的灰色交织在一起，例如人设在结局大翻转的石内卜，以及神秘谜团拆不完的邓不利多。而看毕《哈利·波特终极哲学观：麻瓜的霍格华兹》，从哲学角度分析《哈利·波特》各人物的特质，以及关于灵魂、生命、存在等概念的呈现，更是让人觉得，我们身处的现实和故事里的魔法世界似乎相差无几。

其中一个很有趣的切入点，是“命运观”。无论是现实生活，抑或《哈利·波特》里的世界，都有预言者的角色，而且都备受质疑。如果魔法真的存在，预言者也具有魔法力量，其预言应该具有真确性。然而，J.K. 罗琳却没有让这件事发生，她笔下的预言者还是可真可假。这说明一个道理：命运是可以改变的。如果在魔法世界里便可以百分百预言成功，那不就等于每个人的未来都是固定的、可预示的吗？这是不是也相当于我们做任何事情都不能改变最终结果？没有未知之数的故事想必倒尽读者胃口。反而，故事沿用了“自证预言”的逻辑，伏地魔因为相信了预言才跑去杀害哈利·波特，使其成为孤儿，使其与伏地魔对立，使其站在邓不利多的一方，最终如预言一般成为了伏地魔的宿敌。如果伏地魔没有执着于这个预言，或许他就不会被咒语反弹，也不会“创造”出哈利·波特这个宿敌了。这跟我们相信了街头伯伯预言“今天会有不幸的事发生”，然后心神恍惚惹来血光之灾，变相实现了预言，根本是同一个道理。

这只是其中一个小例子，这本《终极哲学观》还有很多有趣的探讨。比方说，变成狗的“兽足”体内到底是狗的灵魂，抑或是作为人类的天狼星的灵魂？储思盆的原理是怎么一回事？记忆魔法跟哲学里的“心智延展理论”有什么关系？哈利·波特的舍身和苏格拉底的赴死，是不是在传达某个相似的讯息？数之不尽的观点探讨，让我差点忘记自己身处的到底是哪个世界。

《哈利·波特》终究只是一个虚构故事，但我一想到当代科技的各种超越人类的力量，还有许许多多现存科学无法解释的现象，我又觉得我们和魔法世界的距离并不那么远，说不定就在其中。

语言技术

“一直以来，我们以听话的方式被教育，却又以说话的方式被考核，这很尴尬……尴尬之所在，正是机会所在。”

《好好说话：新鲜有趣的话术精进技巧》便是在这个前提下，希望引领读者把握机会的一本书。随着社会越发鼓励人们积极进取，“沉默是金”已渐渐落后，“能言善辩”才是上位之道。因此，指导人们说话的书籍越来越多，其中也包括这本《好好说话》。这是由中国著名主持人马东出品、由华语辩论界著名的几位辩手写成。

辩论，志在于赛场上拆解对手的逻辑，指出对方的失误，然后美化己方的论点，争取比对方更快速度、更大幅度地说服评判。因此，擅长于这些击倒性技巧的辩手，通常只在场上风光。在平日，因为对逻辑过敏，遣词用字又分外有力，往往惹得身边人不愉快而不自知。如书中所讲：“在一般人面前，可能谁都说不过你，可是谁也不喜欢你。”然而，编写《好好说话》的辩手们却自信地以辩手的身份，从沟通、说服、谈判、演讲、辩论五个维度进行分析和指导，让读者可以五面俱全，“好好”地与人说话。

通过分析五个维度的特色，书中指出在不同维度中需要运作不同的口语技巧。当然，一般人都知道日常交际沟通和舞台中央演讲时说的话是不一样的。只是，为什么会不一样？如何可以不一样？不一样的效果又是如何？《好好说话》先描述处于不同维度中的发言目的是什么，再探究使用何种语言技巧能够促使发言者更有效达到目的。除了其他同类书籍中常见的特别案例和常用句型分享之外，《好好说话》更加入了“误区”和“情景”，令每一个分析都更为具体实用。

从书籍内容编排可见，在笼统的五维分析过后，《好好说话》直接从五个维度出发进行分析指导，书的最后一页便是最后一个维度的分析。这种编排自然是直入主题、不添修饰。同时，也许是暗示了五个维度情况不同，无法相提并论，故此不做结论。然而，有头、有中间而没有尾巴的编排，难免缺乏了整体感。

在我看来，不论在哪个维度说话，《好好说话》都在反映一个重点：人须谦逊。在“沟通”中，需要先承认自身情绪，提出自己弱点，再以此做铠甲之用；在“说服”中，需要主动将选择权交给对方；在“谈判”中，以让步谈成交易；在“演讲”中，用自嘲来建立信任；在“辩论”中，时刻借力打力、以退为进……所有维度的说话技巧都具备“主动将自己放于双方或多方的语言交流中的较低位置”这种招数，相当于以谦逊的态度进行交流。只要发现这一点，那些常用句型都不重要，重要在端好谦逊的态度。

回到马东先生的序言：好好说话，其实是好好思考。说话是表达自己思想和素养的其中一种最直接的方法，从遣词用字到语气抑扬，无一不具体反映发言者的思想和素养。因此，调整语言技术，从调整发言态度开始。而态度的变化，又源于思想和价值观的改变……到底这是一本指导语言技术的书，抑或道人向谦、诲人向善的书呢？大概，每一名读者都可以从中找到自己的答案。

知性写作与感性写作

一开始写书评的时候，我着实感到很大的不容易。因为工作关系，日常接触都是实用性文字，新闻稿、演讲稿、活动报告之类，措词和思考逻辑都受到一些限制。后来强迫自己多读多写，这才有点改变，虽不算写得很好，却也找到了切换的开关，让自己可以应付工作上的知性写作之余，也能够经营工余中的感性写作。然而社会发展至今，不难发现，许多知性写作都在追求趣味性，可能是幽默风格，可能是煽情路线，知性和感性写作的界限越来越模糊了。如何把自己的写作能力提升到两者兼容的水准呢？朋友借给我《作文超进化》。

两位作者各有擅长之处，分别通过生活中各种实际事例去说明，让自己的文字变得有趣的重要性，并从写作的心态、目的，期望达成的效果等出发，结合理论和实际练习，让读者一边阅读一边实践。

在朱家安的“知性篇”中，“好好呼吸”的概念令我深有感触。在写作时，我偶然对标点符号有些追求，身边的合作伙伴不以为然，看得懂逗号句号便作罢。然而，逗句只是发挥了断句的功能，标点符号还有其他重要功能。例如书中详述的引号，就能使文章的重要概念，或是文笔上刻意堆砌的有趣之处明晰化，唯有有效地彰显出来，让读者注意得到，才能更快、更有效地得到重点。我联想到自己的日常，对于冒号和破折号的运用也讲究——即使那是一篇演讲稿。因为，我相信标点符号能带动情绪，除了感叹号和问号这些用途明确的标点符号外，破折号有铺垫悬念的作用，适当地运用，无论对读者或听众而言，都是意义非凡的。

而在朱宥勋的“情意篇”中，不只是分享了多种修辞方法，更深入指导读者写作技巧。如今不少学生对于撰写长文感到困难，往往写了数百字就后劲不继，强行写下去都是把原有内容重重复复而已。朱宥勋则指出，可以将“物件”和“动作”进行联结。比方说，环观自己四周，找一件引起注意的东西，先造句，再找和这东西有联结的另一样东西，继续造句，一直延伸下去成为一个“连连看”游戏，便能创造出许多不重复而长度充足的内容了。不过这个技巧要小心使用，漫无目的盲目扩写，只会令文章冗长。十多样东西中，去芜存菁挑出重点来用，这样就能够精练而精彩了。

虽说这技巧收录在情意篇，理应是感性写作所使用的技巧，但其实知性写作也有类似概念。知性写作可以通过逻辑层次分点叙述，先把结构定下来，再逐点续写，这和“联结物件与动作”的技巧颇有异曲同工之妙。

写作不是普通一份工作或一项兴趣，这其实是一种表达的能力。无论任何职业，都有可能需要写作，学好写作，准不会有错的。这本书，诚意推介给所有认为自己的写作能力需要锻炼的人。

写作本是普通人的日常

日前，社交网站上流传一则招聘广告，某公司聘请“文案作家”一名。这字眼不常见，引起一番讨论。文案，即广告宣传用的文字，英文为“copywriting”，而写文案的人则是“copywriter”，一般也可直接称为文案，也有人倾向译成文案人员或文案专员，以兹识别。我猜想，撰写上述招聘广告者，看该词中含有“writer”便加上作家二字，衍生出“文案作家”一词来。有朋友说，写作是作家的专利，他们才写得出好的广告文案，这词并无不妥。

我无意讨论这词是否正确，只是疑惑，写作真的是作家的专利吗？

基础教育告诉我们，文体种类繁多，除了文艺气质满满的描写文和抒情文，报告型文字也是一种常见文体。踏入社会后，最基本的行政文书工作，例如：活动计划书及报告、陈情表、信函、证书、奖状，甚至是一封电邮，都需要流畅的文字表达能力方能写成。由此可见，写作是每个白领的日常，绝非作家之专利。

这个概念，和《从零开始学写作：自媒体时代，人人都需要“写作力”》一书不谋而合。许多人被“写作”二字的专业形象吓倒，不认为自己正在从事需要写作的工作，然而发现自己用尽全力表达的内容被上司和同事认为不够清晰，甚至误解其意思。这便是“写作力”不足的体现。作者通过自己和一众作家的亲身经历，整理出提升写作能力的方法，包括搜集材料、建立灵感及素材、撰写文章的标题、框架以及开端和结尾技巧等，方便有需要人士由浅入深锻炼自身。其中最实用的，莫过于介绍多款写作工具，包括：简书、Markdown、小黑屋、Flowstate 等，值得一试。

同样利用业余时间写作的我，在作者的真实分享中看到共鸣。我常担心自己写的小事是否值得被阅读，也经常质疑自己写得不够好，有时也会拖延、遭遇瓶颈等，但发现畅销书作者也经历同样的情况后，我也渐渐放开怀抱，向其学习——写得不好自有编辑来告诉我，若然编辑一直收稿邀稿，那我便有足够的理由维持自信。

这书我读得极其享受，但美中不足的是，其开篇时关注到所有非传统文字工作者的需要，书内的介绍却集中在学习如何当一名写手，未能精准覆盖到其他人士的需要。然而，如果读者愿意决心追随作者亲测有效的方法来学习写作，想必也有机会成为一名“文案作家”，届时无论身居何职、撰写什么文件，也不再是难事了。

完成不是完美

这几年脱口秀热潮来到华语圈，我也沉迷过一段日子。看到别人的文字运用能力如此优秀，终于抵挡不住好奇，买下一本“工作手册”，从中学习。买的时候太兴奋，没有看清楚书封面上还有一句小字：“创意是智力活儿，也是体力活儿，归根结底是苦力活儿。”到此，大概也猜得出来，这书中定必有不少老生常谈。然而，能够把鸡汤道理写得动听有力，这也是值得一读的。

脱口秀演员需要灵活运用文字，众所周知，出口成章绝不可能是通过“临时拉夫”锻炼而成的，关键在于逐字稿，那些重复出现的“然后”“嗯”“所以”，以及所有不够精简的文字都能在写稿和审稿的过程中发现并删减，至于停顿、语气等，也能从中体现。然而，演员只略读文稿而没有逐字相随的话，这些东西也是无用。因此，初学者们应从逐字背诵开始。至于如何背得不生硬，则要靠演绎。演绎时，脑海中不是文字，而是画面，把自己的情绪带入画面中，释放内心的真诚，方得灵动。那些偶得一见的临场发挥，根本是无数次逐字稿堆叠出来，初学者们贸然跳步，像孩子未学走先学跑，只会乱作一团。

因为这是一本“工作手册”，书中出现很多经济及营销概念，旨在引导读者了解入行时的注意事项。我很喜欢其中一个概念：工作者不是爱好者。爱好者可以在有灵感时才上台表演，工作者必须长期为此苦干；爱好者可以自我欣赏，工作者必须具备市场价值。节录一句残忍的话："写不好，你还写不坏吗？有了坏的，才能有好的。"有追求的人必然眼高手低，手低不要紧，只要手不停，就有手高的一天。那些在舞台上一闪而过的光辉，不过是偶得佳作，可能这辈子只有这场佳作。工作者绝不能追求刹那光辉——还吃不吃饭、活不活命？工作，不是拿一次九十分然后退休，是年年岁岁拿六十分，好让自己每天都能写出七十分的作品，甚至偶然有几次九十分。因此，工作者就是必须写，没有灵感也要写，写到有。

澳门高等院校校际辩论比赛曾有一道辩题，论及孩子的成长。彼时台上出现了这么一句话："成长不是成功。"成长是健康快乐、是稳定壮实，不是年幼陨落的天才。脱口秀工作者，或者应该说，文艺工作者的追求也应如此，我们要做的不是追求完美的成功，而是成长，是完成作品，是一直干下去。

当代青年的两极困境

身处青年时期，“一代不如一代”是我常听见的评语。当代青年到底怎么了，为什么就不如过去？没想到，我本只想在《高学历的背债世代》寻求面对学贷的共鸣，它却回答了这个时代的重大诘问。

此书分析美国的“千禧世代”（泛指 1980 至 1990 年间出生的人）面对日新月异的科技，如何在“过度保护”下成长，然后加入前所未有的竞争。我认为，至少在澳门，书中所述的情况，对于 1990 至 2005 年间出生的人，也有适用之处。

因为技术进步和文化素养的提高，父母们对孩子有更高的保护意识和能力。为了让孩子活得比自己好，父母们致力搭建更完美的成长环境，但自我引导和自我控制的能力需要在一定的资源缺失和风险下方能培养。于是，孩子成为了如今成人眼中无能的青年。

同时，传统的“唯有读书高”仍然根植于社会。在贷学金的加持下，大专教育成功普及。而普及亦带来贬值，加上人工智能的发展，“高学历，低就业”应运而生。当然，资源丰富还是有机会培养（或者发掘）才高八斗的青年，但天才始终是少数，大部分毕业生还是普通者，就业竞争反而更大。不得不追随学历，让普遍毕业生未有收入已背负学贷债务，别说让青年过得比父母好，不比父母差已是万幸。偏偏社会在教育上投放的资源比过去多，少不免将矛头指向仍然迷茫的青年身上。

书中深入分析各种美国政策及社会风气，事情比我所理解的复杂得多。但无可否认的是，当年青年被动地深陷困境，同时承担着难以被理解的苦况。

澳门的情况略佳，因为科技的进步程度未及美国，而大专教育学费及贷学金制度也相对宽松，所以职场竞争和学贷负担都较小。然而，此书出版时尚未出现新冠疫情，如今已不得不将其考虑在内，发现时下青年面对的困境越发尖锐。压力从天而降，一些青年迎难而上，在“内卷”下成为痛苦的尖子；一些青年深感未来无望，只得绝望地“躺平”。

我突然想起那句古老的说话：“我思故我在。”思考的意识在科技冲击洪流下，显得尤为重要。青年终有一天成为中年，无论是不是栋梁，这个年代的人终将成为社会主要的劳动力和领导者，更将养育下一代。如何找到自己的路，同时为未来的孩子铺路，已不能遵循上一代“求稳定、求进步”的想法，而是必须学会独立思考，自己真正需要的是什么。由衷庆幸自己因缘际会读到此书，提醒自己积极思考、勇于选择，重新确立自己的价值。谁知道呢，或许作者那句“团结的人不会被打败”有机会成真，而团结起来认真思考的青年，也有脱离困境的一天。

妈妈的话

女儿六个月大的这一天，网购的绘本终于到货。虽然我还只是新手妈妈，但已经产生了各种共鸣。我希望可以一直和女儿一起读这绘本，让她知道，妈妈对她的爱来自各方各面、毫无条件。

绘本里的妈妈拿着手机对孩子拍了无数张照片，全因为“我贪婪地想将每一个你，小心翼翼地收进魔法口袋；口袋成了无底洞，多少个你放进来都不嫌多、不会满”。这就是时下父母们的手机状态吧！女儿打哈欠、眨眼睛、伸手、踢腿、翻身、微笑、睡颜，全都被收藏在手机里，拍了又拍仍想再拍，无数次备份也还是担心会丢失。有时候让人怀疑，到底是谁依恋了谁？

“在你眼中我看见满满的自己，仿佛我就是你的全世界。”其实我知道不是的，你也会抢奶瓶、盯玩具、向各种新事物张开双臂。然而，每次和你聊天，看着你清澈的眸子，里面只有我，我便醉在里面。桌上的奶瓶、柜里的玩具，我都递给你，而我也将紧紧托着你的身躯，让你能伸手迎接新事物，心甘情愿当你的后援。这样的后援将是力量而非桎梏，“我学习放手，你学习独立。这对我们都不容易，但我们都在努力。”努力成为你的全世界，同时又鼓励你探索更多更大的世界，这种矛盾让妈妈痛并快乐着。

最后一段是这样写的：“嘿！孩子，会不会有一天你也跟妈妈一样，怀念着每一个平凡的现在。那每一个现在，你可知道，都蕴含着，我对你满满的爱。”

曾经我以为，父母养我，需要我拿出优异的学习成绩和乖巧听话的态度来换。强烈的情绪勒索下，我觉得自己不重要，总是什么话也不愿说。过了很久很久，久得我已离开学堂，在职场碰碰撞撞，才看到父母温柔的一面。他们只是担心百年归老之时，我不够力量面对生活，所以对我要求多多。原来我曾经不懂事地让怀着弟弟的母亲抱起我，而她义不容辞地把我由皇都抱回雅廉访。只是长大后一切都忘记了。

回想起来，我庆幸自己曾经有过这番“误会”，好让我时刻提醒自己，爱孩子要让她实实在在地感受到。我的父母没有从上一代中获得什么资源，于是强调自己为下一代做出牺牲；他们自发地超越上一代的期待，于是加倍要求下一代努力。而我，我是幸运地挣脱这层循环的人，学会如何表达爱与被爱。今天，我要带着孩子一起怀念现在，今后，一直一起怀念每一个珍贵的现在。

（京权）图字01-2024-5374

图书在版编目（CIP）数据

总要相信有晴天 / 安好著. -- 北京：作家出版社，2024. 12. --（澳门文学丛书）. -- ISBN 978-7-5212-3168-7

Ⅰ. I267

中国国家版本馆CIP数据核字第2024BQ3400号

总要相信有晴天

作　　者：安　好
责任编辑：宋辰辰
装帧设计：意匠文化・丁奔亮
出版发行：作家出版社有限公司
社　　址：北京农展馆南里10号　　**邮　　编**：100125
电话传真：86-10-65067186（发行中心）
86-10-65004079（总编室）
E-mail:zuojia@zuojia.net.cn
http://www.zuojiachubanshe.com
印　　刷：三河市北燕印装有限公司
成品尺寸：133×214
字　　数：187千
印　　张：7.75
版　　次：2024年12月第1版
印　　次：2024年12月第1次印刷
ISBN　978-7-5212-3168-7
定　　价：38.00元

第一批出版书目

王祯宝《曾几何时》

水　月《挥手之后还会再见吗》

邓晓炯《浮城》

未　艾《轻抚那人间的沧桑》

吕志鹏《在迷失国度下被遗忘了的自白录》

李成俊《待旦集》

李宇樑《狼狈行动》

李观鼎《三余集》

李鹏翥《澳门古今与艺文人物》

吴志良《悦读澳门》

林中英《头上彩虹》

赵　阳《没有错过的阳光》

姚　风《枯枝上的敌人》

贺绫声《如果爱情像诗般阅读》

袁绍珊《流民之歌》

黄坤尧《一方净土》

黄德鸿《澳门掌故》

梁淑淇《爱你爱我》

寂　然《有发生过》

鲁　茂《拾穗集》

穆凡中《相看是故人》

穆欣欣《寸心千里》

以上按作者姓氏笔画排序

第一批出版书目

第二批出版书目

太　皮《神迹》

尹红梅《木棉絮絮飞》

卢杰桦《拳王阿里》

冯倾城《未名心情》

朱寿桐《从俗如流》

吕志鹏《挣扎》

邢　悦《被确定的事》

李烈声《回首风尘》

沈慕文《且听风吟》

初歌今《不渡》

罗卫强《恍若烟花灿烂》

周　桐《除却天边月没人知》

姚　风《龙须糖万岁》

殷立民《殷言快语》

凌　谷《无边集》

凌　稜《世间情》

黄文辉《历史对话》

龚　刚《乘兴集》

陶　里《岭上造船笔记》

程　文《我城我书》

程祥徽《多味的人生之旅》

以上按作者姓氏笔画排序

第二批出版书目

第三批出版书目

太　皮《一向年光有限身》

李文娟《吾心吾乡》

何　贞《你将来爱的人不是我》

陈志峰《寻找远方的乐章》

吴淑钿《还看红棉》

陆奥雷《新世代生活志：第一个五年》

杨开荆《图书馆人孤独时》

李嘉曾《且行且悟》

卓　玛《我在海的这边等你》

贺越明《海角片羽》

凌　雁《凌腔凌调》

谭健锹《炉石塘的日与夜》

穆欣欣《当豆捞遇上豆汁儿》

以上按作者姓氏笔画排序

第三批出版书目

第四批出版书目

李观鼎《滴水集》

李烈声《白银》

陈雨润《禅出金瓶 悟觉大观》

陆奥雷《幸福来电》

杨颖虹《小城M大调》

凌 谷《从爱到虚无》

袁绍珊《拱廊与灵光:澳门的120个美好角落》

黄文辉《悲喜时节》

梯 亚《堂吉诃德的工资》

蒋忠和《燕堂夜话》

以上按作者姓氏笔画排序

第四批出版书目

澳門文學丛书